A Delphine, mon épouse qui, par sa présence, son soutien et son amour, m'a permis de mener à bien ce projet.

A ma sœur, Catherine, qui m'a toujours soutenu dans ma quête de vérité et qui a réalisé les illustrations très inspirées de ce livre.

A ma mère, Liliane, qui nous a quittés avant que ce projet puisse voir le jour, et qui, j'en suis certain, sera fière de voir ce projet aboutir.

STEPHANE JOANEST

L'Astrologie
Art Royal

Fondements spirituels
Livre I

Édition : BoD · Books on Demand, 31 avenue Saint-Rémy,
57600 Forbach, bod@bod.fr
Impression : Libri Plureos GmbH, Friedensallee 273,
22763 Hamburg (Allemagne)
Dépôt légal: Avril 2025

ISBN : 978-2-3225-7450-6

PRÉFACE

Depuis que le monde est monde, l'Astrologie a toujours interrogé, fasciné, dérangé parfois, à tel point que l'église catholique, lors du Concile de Laodicée en 381, puis celui de Tolède en 447 et enfin celui de Braga en 560, s'arrogea le droit d'interdire et de mettre au banc de la société cet Art plurimillénaire. Une église qui était alors bien plus désireuse d'asseoir son pouvoir temporel que d'ouvrir le chemin de la connaissance à ses fidèles.

Depuis que les enseignements et la littérature abondante des astrologues traditionnels (Ptolémée, Hermès Trismégiste, Jean-Baptiste Morin de Villefranche, Hadès, Alexandre Volguine, André Barbault pour ne citer qu'eux), ont vus le jour, l'Astrologie a toujours fait couler beaucoup d'encre … Dès le début du XXème siècle, l'Astrologie humaniste et trans personnelle a apporté un renouveau important qui a dépoussiéré la Tradition, notamment grâce à la pensée de l'astrologue Dane Rudhyar.

Fort de 40 années de pratique astrologique, mon parcours initiatique, mes rencontres ainsi que mon travail d'enseignant et de consultant m'ont permis d'acquérir une vision beaucoup plus vaste et plus cosmique de cet Art.

Après avoir étudié les auteurs classiques puis les astrologues les plus en avance sur leur temps, tels Jeffrey Wolf Green, Martin Schulman ou Donald H. Yott, mon appréhension et ma compréhension de l'astrologie et au-delà, ont évolué et se sont éclairées d'une lumière nouvelle. Il m'est alors apparu que l'Astrologie pratiquée aujourd'hui, notamment le courant humaniste, influencé principalement par les différentes spiritualités orientales, n'atteint jamais vraiment une dimension authentiquement spirituelle ! Bien qu'attirante et séduisante sur le plan psychologique, la « Sagesse » contenue dans nombre de ces enseignements souffre d'une méconnaissance de la structure de la Création et de son Origine. De fait, elle n'atteint pas la profondeur et la hauteur à laquelle nous aspirons pourtant tous au fond de notre esprit.

Le but de cet ouvrage est d'essayer de redonner ses lettres de noblesse à l'Astrologie, ce qui était autrefois l'Art Royal, en rétablissant le pont entre ce qui est en Haut et ce qui est en bas, en faisant le lien entre la Voûte Étoilée, le Zodiaque et le système planétaire, et les Sphères les plus hautes dont sont issues la Lumière et la Vie : la Trinité Divine et les 4 Animaux entourant le Trône de Dieu.

SOMMAIRE

« L'Évolution est la Loi de la Vie.
Le Nombre est la Loi de l'Univers.
L'Unité est la Loi de Dieu. »
PYTHAGORE

L'HORLOGE COSMIQUE

Plus qu'une science ou encore une divination, l'Astrologie est un Art. Il s'agit de l'Art Royal, autrefois réservé aux seuls Initiés qui, dans les Temples, avaient accès au savoir spirituel le plus haut. Les astrologues initiés possédaient alors la compréhension des Lois gouvernant la Création depuis son Origine, jusqu'à notre univers de matière dense, où se situe notre planète Terre et ses habitants.

Au fil du temps, des siècles et des millénaires, et bien plus encore aujourd'hui, dans nos sociétés modernes « civilisées », matérialistes et de plus en plus athées, l'Astrologie a perdu tout son sens et s'est densifiée, alourdie … au point d'être devenue ni plus ni moins une « superstition » à laquelle seuls les naïfs ou mystiques en tous genres peuvent encore croire. Bien entendu, la science toute puissante la rejette intégralement, n'ayant jamais pris le temps d'approfondir sérieusement les fondements de cet Art initiatique plurimillénaire …

L'Astrologie dite « traditionnelle », à travers une vision bien trop réductrice et matérielle, s'est elle-même éloignée de la Vérité, en méconnaissance des Lois régissant notre univers. Parler de planètes bénéfiques ou maléfiques est la preuve manifeste d'une incompréhension des lois qui régissent l'univers. C'est pourtant bien l'homme qui créée, par son vouloir, des retours karmiques maléfiques ou bénéfiques … l'Horloge Cosmique est parfaite en elle-même et rien ne reflue vers l'homme, en bien comme en mal, qui ne prenne sa source dans un passé plus ou moins lointain, à travers le tissage de ses pensées, ses paroles et ses actes.

Même l'astrologie humaniste et trans personnelle, pourtant plus évoluée, plus ouverte et plus exacte à bien des égards, parvient rarement à s'élever au-dessus de principes axés sur le niveau psychologique de l'homme, conceptions principalement jungiennes, qui, bien qu'étant importantes, occultent ou du moins relèguent trop souvent au second plan *la dimension spirituelle* proprement dite de l'être humain incarné sur terre. Cette astrologie en effet, notamment celle qui a été développée par *Dane Rudhyar,* le père de l'astrologie moderne, repose en grande partie sur les écrits de *C.-G. Jung.* C'est sa « philosophie », par ailleurs très riche, qui a donné naissance à une astrologie disons trop « *humaine* », en ce sens qu'il subsiste ici une confusion entre le monde animique, étage intermédiaire et fluctuant de l'être humain, et le Spirituel, qui lui, parle de *l'Esprit*, seul apte à communiquer avec les mondes supérieurs. Là se situe le nœud du problème : *le psychologique ne peut pas mener au*

Spirituel, il peut seulement aider ! J'aime à ce propos utiliser, pour illustrer l'encastrement entre le corps, l'âme et l'esprit, le symbole de la lampe à huile : « la lampe représente le corps physique ; l'huile : l'âme, le psychisme ... et la mèche : l'esprit, qui seul peut s'enflammer et s'élever » ... *L'esprit* constitue l'étincelle de vie, seul élément éternel en nous, puisqu'appartenant au royaume spirituel dont il est issu. Quant à *l'âme*, elle représente bien les différentes enveloppes (de matière subtile et d'essentialité) entourant le noyau spirituel de l'homme, lorsque celui-ci quitte la terre, lorsque l'être terrestre, le corps de matière dense, s'éteint.

Revenons à Jung, qui fut pourtant, au début du XXème siècle, celui qui, dans sa quête, a été le plus loin, philosophiquement et psychologiquement parlant. Sur ce plan en effet, ce chercheur infatigable a reconnu la dimension spirituelle de l'être humain, à la différence de Freud, resté bloqué dans ses névroses et ayant projeté ses propres obsessions à travers ses recherches et dans ses conclusions. Jung n'a pourtant pas réussi à traverser « *son* plafond de verre », ce qui l'aurait amené encore bien plus loin dans son cheminement et sa compréhension de l'être humain et sa place dans l'univers. Je ferai néanmoins référence dans les pages qui suivent à C.-G. Jung en ce qui concerne son travail sur « *les Types psychologiques* », qui reste une référence en la matière et s'avère indispensable à la compréhension d'un thème astral de naissance, *sur le plan psychologique.*

Un autre concept, dans la philosophie jungienne, est à mon sens dévoyé et emmène le chercheur dans de fausses voies, s'agissant de ce qu'il a appelé « *l'ombre* » ! Jung considérait en effet que l'homme devait intégrer son ombre ! Or peut-on intégrer ce qui est sombre et ténébreux ? ... Non, on le combat et on s'élève en ayant dissous ce qui appartient aux ténèbres et qui se tient au fond de notre âme, ce qui étouffe l'esprit qui n'aspire qu'à la Lumière. Sur ce sujet important de « *l'ombre* », citons ici *Jacqueline Kelen* qui, dans son ouvrage « *L'éternel Masculin* », écrit avec cette lucidité et cette profondeur qui la caractérise :

... « Le tour de passe-passe jungien le plus odieux est celui qui consiste à faire de l'Adversaire une « *ombre à intégrer* ». Autrement dit, les démons, les monstres, les ténèbres que le héros rencontre ne sont pas à terrasser mais à apprivoiser, comprendre, aimer au besoin. » ... Affronter, combattre n'a rien à voir avec « intégrer » ! ... A force d'intégrer les ombres et les couleuvres, le pauvre humain perd ce qui restait en lui d'héroïque, il ne combat pas ... il crève de compromis, de médiocrité, de malheur aussi. ... Jésus lui-même, seul dans le désert durant 40 jours, n'a pas fait alliance avec Satan, il a refusé son pain et ses richesses promises de la collaboration, bref il n'a donc pas « intégré son ombre » ... Quant au Pharaon, pour parvenir dans un corps glorieux à la demeure d'éternité, il n'héberge aucun démon, il terrasse les ennemis ombreux, il se fait soleil, entièrement soleil ! ... » *(Fin de citation)*

De même, les conceptions orientalistes, notamment hindouistes et bouddhistes, qui interpénètrent et imprègnent le courant de l'astrologie humaniste et trans personnelle, polluent le discours de ces astrologues qui considèrent que l'homme va s'individuer *en intégrant* son ombre, ombre qui représente, nous l'avons vu, ce qui a été tissé de ténébreux au fond de l'âme humaine. Le bouddhisme ne reconnait d'ailleurs pas le Dieu Unique ni la Trinité Divine (Dieu le Père, le Fils de Dieu Jésus et le Saint Esprit, le Fils de l'Homme), et éloigne ainsi dangereusement ses adeptes de la compréhension des Lois Cosmiques qui nous gouvernent, ce que nous appelons les lois de la Nature, créant une barrière infranchissable entre l'être humain et la Source de Vie. Jung lui-même, influencé par la pensée et la philosophie orientale, a émis l'hypothèse que Dieu aurait eu 2 Fils, Jésus et … Satan ?! L'ombre qui aurait tenté le Fils de Dieu dans le désert … théorie bien luciférienne s'il en est … Car il n'y a qu'un Créateur, qu'un Dieu et donc une seule Force qui flue à travers tout ce qui existe en-dehors de Lui, l'animant et la faisant progresser. C'est à nous, êtres humains, qu'il appartient de diriger cette Force vers le bien ou vers le mal ! En cela réside notre *Responsabilité*, intimement liée à notre faculté de *libre-arbitre !*

Reconnaissons ici que l'Astrologie pratiquée sans la connaissance des lois régissant la Création, et notamment celle de la réincarnation, n'a aucun sens et s'avère même dangereuse, puisque coupée des causes, elle ne peut en comprendre les effets. La notion de réincarnation fut d'ailleurs bannie, condamnée par l'Église chrétienne lors du 2ème Concile de Constantinople en 552, et l'astrologie quant à elle, fut mise au ban de la société et interdite par cette même Église lors de divers Conciles, en 381, 447 et 560, maintenant ainsi son emprise sur une population de plus en plus ignorante des lois cosmiques la gouvernant.

Chacun d'entre nous est en lien direct avec le système astral au-dessus de lui. Le Zodiaque et le mécanisme astral n'est pas quelque chose d'imaginaire ni d'abstrait ; c'est *notre corps astral* qui se trouve en permanence relié au système astral évoluant au-dessus de nos têtes. La parabole *« Ce qui est en haut est comme ce qui est en bas »* reflète très exactement ce qui existe, à savoir un va-et-vient continuel entre les énergies provenant du Cosmos et les énergies propres à chaque individu incarné sur terre.

La Création dans laquelle se situe notre système solaire est un cercle. Elle est limitée et possède par conséquent un espace-temps. C'est pourquoi celle-ci est mue par un mouvement circulaire, cyclique. Il s'agit là de l'Horloge cosmique qui fonctionne tel un gigantesque mécanisme enclenchant et déroulant tous les cycles de la Création, dans l'infiniment grand comme dans l'infiniment petit. Ainsi, les galaxies, les étoiles et les planètes possèdent leur propre cycle. Perdu dans l'immensité étoilée de notre galaxie, la Voie Lactée, notre système solaire possède son propre cycle, car tout est cycle dans la création car les Lois la régissant sont cycliques ! Elles sont **le Mouvement de la Loi, le Perpetuum Mobile !**

La Force et la Lumière provenant des plans supérieurs de la création, c'est-à-dire au-delà de notre création matérielle telle que nous l'appréhendons, est ainsi *atténuée, freinée, enveloppée, densifiée* dans le mouvement circulaire des galaxies, des étoiles et finalement, au plus près de nous, des planètes évoluant au-dessus de nos têtes, autour du Soleil. La ceinture zodiacale donne bien le rythme au mouvement des rayonnements qui nous parviennent *de manière atténuée*, afin que nous puissions les utiliser pour notre évolution, et cela dans l'espace-temps qui est le nôtre. En cela, la ceinture zodiacale peut être comparée à *un filtre qui enveloppe les rayonnements* d'une texture particulière, laissant passer, à tout moment, à travers chacune des 12 portes zodiacales, ce qui est nécessaire pour chaque être humain incarné sur terre.

A l'Origine des rayonnements circulant à travers la ceinture zodiacale, règnent les 4 Animaux Initiés entourant le Trône de Dieu : *Le Bélier, le Lion, le Taureau et l'Aigle*, ce dernier devenu par la chute de l'esprit humain *le Scorpion !* Ces 4 Animaux représentent les 4 piliers de la Création, ou plus exactement de la Post-Création, née lorsque furent prononcées les Paroles : « *Que la Lumière soit, et la Lumière fût !* » La distance qui nous sépare de ces Quatre Entités autour du Trône de Dieu est incommensurable. Ce sont pourtant leurs irradiations qui, considérablement atténuées, parviennent jusque dans notre matérialité, à travers la dernière condensation de ces rayonnements : la ceinture zodiacale.

Ces 4 Animaux Initiés sont décrits dans la Bible, dans le Livre d'Ézéchiel (chapitre 1 – 4-23) et dans l'Apocalypse (4-6) : « *Du trône partent des éclairs, des voix et des tonnerres,* *et sept lampes de feu brûlent devant lui, les sept Esprits de Dieu. Devant le Trône de Dieu, on dirait une mer, transparente autant que du cristal. Au milieu du Trône et autour de lui, se tiennent quatre Vivants, constellés d'yeux par-devant et par-derrière. Le premier Vivant est comme <u>un Lion</u> ; le deuxième Vivant est comme <u>un jeune Taureau</u> ; le troisième Vivant a comme <u>un visage d'homme</u> ; le quatrième Vivant est comme <u>un Aigle</u> en plein vol. Les 4 Vivants, portant chacun six ailes, sont constellés d'yeux tout autour et en dedans... ».*

Le troisième Vivant à visage d'homme représente **le Bélier** et le quatrième Vivant représente **l'Aigle**, devenu le Scorpion dans le Zodiaque actuel.

Nous sommes ainsi soumis en permanence au mouvement cyclique des astres, au rythme qu'ils impriment aux rayonnements issus d'en Haut. A travers le mouvement de la ceinture zodiacale, on retrouve **le mouvement perpétuel** qui permet de maintenir la vie dans chaque recoin des univers. Ce mouvement est la garantie pour toutes les créatures de pouvoir utiliser les rayonnements dont celles-ci ont besoin. Il existe un va-et-vient continuel de rayonnements, d'énergies entre ce qui vient d'en Haut, de la voûte étoilée, c'est-à-dire les planètes et la ceinture zodiacale, et nous, hôtes de cette Terre. Que nous en soyons conscients ou non, *nous utilisons* à chaque instant les rayonnements issus de la voûte étoilée. Nous construisons à chaque vouloir, à chaque acte et à chaque pensée émise, à chaque direction que nous prenons, le chemin qui sera le nôtre, notre destinée future. En cela réside la faculté de libre-arbitre dévolue au genre spirituel. C'est donc la nature de chaque vouloir de l'homme qui détermine ce qu'il devra récolter, en bien comme en mal. La Loi du Karma, ou Loi de réciprocité des effets, appelée encore Loi des semailles et des moissons, agit à travers le mouvement cyclique et le rythme imprimé par la ceinture zodiacale. *Rien ne peut refluer vers un être qu'il n'ait lui-même voulu, c'est-à-dire qu'il n'ait lui-même engendré par le vouloir de son esprit.*

Cependant, la Loi du Karma n'est pas quelque chose d'aveugle ni d'arbitraire. Nous vivons tous à des moments précis de notre existence des événements destinés à nous faire mûrir, à nous faire changer de direction si celle-ci est erronée, ou, au contraire à nous conforter dans nos objectifs. Sans cesse, d'innombrables courants karmiques refluent vers nous à travers les multiples cycles astrologiques en mouvement au-dessus de nous, tel un ballet de lumières et de sons éblouissants.

Si le destin de chaque être humain est inscrit en filigrane dans la carte du ciel érigée pour le moment de sa naissance, rien n'est cependant entièrement déterminé à l'avance. Cela signifierait que l'homme n'a plus aucun libre arbitre, plus aucun choix en-dehors du chemin tracé par la Loi des Astres. Cependant, si *"Astra inclinant, non nécessitant"*, force est de constater qu'aujourd'hui, les choix de l'homme sont limités, que son chemin est étroit et il lui est de plus en plus difficile de s'en écarter ! Malheureusement, à force de dévier des Lois inscrites dans l'univers, l'humanité ne dispose plus, effectivement, comme à l'origine, de son libre-arbitre plein et entier !

Si le déterminisme absolu n'est pas inscrit dans le mouvement qui enserre l'esprit humain incarné sur terre, celui-ci *semble* pourtant se retrouver dans le mouvement circulaire, car celui-ci est synonyme de stagnation, de "tourner en rond", puisque partant d'un point pour toujours revenir au même point ! En réalité, le libre-arbitre de l'homme ne peut s'exprimer qu'à travers le mouvement hélicoïdal, c'est-à-dire *le mouvement en spirale !* A travers ce mouvement, le cycle semble toujours le même, <u>mais</u> il se déplace *vers le haut,* dans un mouvement ascendant ! *C'est ce mouvement en spirale qui permet à l'homme de grandir en conscience* lorsque celui-ci franchit chaque étape du chemin tracé devant lui : son Destin !

Ce qui permet à l'homme « d'attraper » la boucle supérieure de ce mouvement en spirale, c'est la mise en action de sa volonté (son Soleil), la mise en mouvement de sa capacité de libre-arbitre ! Cependant, suivre le mouvement de la Loi demande la mise en action de l'esprit, de l'étincelle spirituelle. Celui qui reste enfermé dans ses cogitations, ses peurs et ses névroses, tournera en rond dans le même cercle, stagnant et finalement reculant sans cesse face au mouvement de la loi qui l'enserre. En cela se marque *l'exigence* incontournable du mouvement perpétuel : *Celui qui n'avance pas recule !*

Le thème astral d'un individu doit nous révéler à la fois le karma ([1]) que celui-ci s'est tissé au cours de ses incarnations passées, et le dharma (^{1}) qu'il doit accomplir, le chemin particulier qu'il doit suivre s'il veut aller dans le sens de son évolution et de sa libération.

L'Astrologie karmique et spirituelle représente pour tout chercheur sérieux et sincère une aide inestimable, car cet Art doit lui apporter la compréhension de son destin, du chemin tracé devant lui et qu'il doit parcourir tout au long de son incarnation. Nous disposons donc bien au départ de cette faculté, ce don merveilleux et unique, dévolu au genre spirituel : « *le libre arbitre »,* qui est une faculté de l'esprit et *uniquement de l'esprit,* qui n'a donc rien à voir avec le cerveau, avec l'intellect et pas davantage avec le corps physique.

Aujourd'hui, à l'heure où les fils du destin de l'humanité entière se trouvent de plus en plus enchevêtrés et distordus, force est de constater que l'homme ne peut plus faire que des choix, choix de prendre telle ou telle direction, choix d'accepter ou de refuser telle ou telle situation. La majeure partie de l'humanité n'est plus aujourd'hui en état d'exercer son libre arbitre, du fait de son enchaînement à la matière.

Il nous faut pourtant nous rendre libres ! Et ce n'est qu'en acceptant le chemin tracé devant nous que nous pourrons, dans la reconnaissance des lois, accomplir notre destin individuel et devenir des êtres « *individués* » pour reprendre l'expression de Jung, c'est-à-dire mûrs, responsables et ... libres et accomplis ! Je préfère pour ma part employer le terme *d'auto-conscience* !

Le thème astral ne peut nous renseigner sur la quantité de karma refluant sur l'individu, mais il nous indique les formes que celui-ci pourra prendre. Si le thème astral révèle immanquablement la nature du karma d'un être, tout dépend, in fine, de son niveau de maturité, de son aspiration profonde à la Lumière mais aussi du lieu, du contexte dans lequel il évolue. Voilà pourquoi les prédictions sont toujours aléatoires et dangereuses, car aucun astrologue ni aucun voyant ne peut prévoir exactement ce que l'être devra vivre à tel ou tel moment de son existence. De nombreux facteurs de nature astrale, le tissage particulier de l'âme ainsi que sa maturité spirituelle, influent considérablement, quant à la nature et à la force des répercussions karmiques à venir. C'est pourquoi aussi l'humilité doit être la vertu première de celui qui veut étudier et pratiquer l'astrologie, humilité face aux lois de cette création, humilité qui doit nous aider à nous effacer et à pressentir, au-delà de la technique des règles d'interprétation, ce que le thème astral doit nous révéler, et surtout *ce qui doit être révélé* à l'être en demande.

L'analyse et l'interprétation d'un thème de naissance doivent donc nous permettre de répondre aux questions les plus essentielles, les plus profondes que chacune et chacun est en droit de se poser concernant le sens et le but de sa vie.

Cet enseignement sera donc structuré en permanence sur 3 niveaux inséparables s'interpénétrant :

1) **Le niveau psychologique est nécessaire,** puisqu'il doit nous révéler les tendances innées inscrites dans notre personnalité, c'est-à-dire notre fonctionnement mental et affectif, ainsi que la manière dont nous nous sommes structurés tant du point de vue animique, psychique, qu'intellectuel et physique.

2) **Le niveau karmique est essentiel,** en ce sens qu'il doit nous révéler les causes profondes qui nous ont conduit à être ce que nous sommes aujourd'hui et à suivre le chemin particulier qui est le nôtre, chemin facile, clair et dégagé, ou chemin broussailleux, complexe, parfois obscur et douloureux.

3) **Le niveau spirituel est crucial,** car il doit nous révéler *le but spirituel,* c'est-à-dire profond, vital même, de notre incarnation sur terre. En effet, nous sommes avant tout des esprits incarnés dans la matière dans le but de grandir en conscience. N'oublions jamais que seul *l'esprit* en nous est véritablement vivant. C'est lui, à travers les expériences terrestres vécues à travers ses enveloppes de matière subtile et son corps physique, qui doit évoluer, grandir et s'épanouir en suivant le chemin de loi tracé devant lui, afin d'atteindre *l'auto-conscience !*

CHAPITRE I
PREMIÈRES NOTIONS SUR LES 12 SIGNES ZODIACAUX, LES 10 ASTRES DE NOTRE SYSTÈME SOLAIRE ET LES 12 DEMEURES ZODIACALES

A propos de la ceinture zodiacale

En provenance des 4 Entités/Animaux Initiés entourant le Trône de Dieu, les 12 signes de la ceinture zodiacale en sont la démultiplication, l'enveloppement final nous permettant de pouvoir absorber ces énergies, par l'intermédiaire de notre corps astral. Les 12 signes zodiacaux sont donc avant tout à concevoir comme des faisceaux énergétiques, des « filtres » qui renferment chacun une vertu … *vertu première* d'où vont découler un certain nombre de qualités, qui ne sont autres que des démultiplications de ces 12 vertus issues de la ceinture zodiacale.

Le Carré des Animaux Initiés représente les colonnes de la construction de la Création. Ce n'est que bien plus bas, ici dans notre matérialité, que la Croix formée par les 4 Animaux Initiés se subdivise en 12 rayons, 12 faisceaux, et ceci à travers les 12 signes de la ceinture zodiacale. Sans cet « enveloppement », cette « diminution de pression » s'opérant à travers la ceinture zodiacale, en provenance des sphères supérieures, nous ne pourrions tout simplement pas vivre sur terre, nous serions écrasés ... consumés par la Force-Lumière venant d'en Haut !

Ces 12 vertus issues des 12 signes du Zodiaque doivent donc être « *cultivées* », « *expérimentées* » par les êtres humains sur terre, afin que ceux-ci puissent progresser, évoluer, mûrir et accomplir leur « Dharma » ou « destin » individuel. Cependant, il est nécessaire et même indispensable de faire l'effort de progresser sur le chemin qui nous est tracé, chemin inscrit en filigrane dans le thème astral de naissance de chaque individu. Là encore, la Loi du Mouvement nous contraint à nous mettre en action pour suivre le chemin tracé devant nous.

La vertu et les qualités qui découlent de chacun des douze signes du Zodiaque et qui sont à développer plus particulièrement au cours de l'incarnation, sont celles correspondant au signe solaire ! Par exemple, pour quelqu'un né sous le signe de la Vierge, on dira couramment : « Il est né Vierge ou c'est une Vierge » ... Ceci n'est pas un acquis, mais bien *une exigence* ! Celui-ci devra en effet développer la Pureté en tant que vertu première, celle-ci englobant des qualités particulières, comme le sens du service désintéressé le véritable sens critique, qui trie de manière impartiale et neutre, ainsi que la rigueur intellectuelle et morale. Le signe solaire ne représente donc pas un acquis, mais reste *à expérimenter, à accomplir, à incarner !* La carte du ciel dans son ensemble révèlera quel chemin a déjà été parcouru par l'individu pour incarner ce signe et ce qu'il lui reste encore à accomplir.

Nous avons vu que la ceinture zodiacale est en réalité une ceinture d'énergies reliée à la voûte étoilée et bien plus haut encore aux mondes supérieurs qui surplombent la création matérielle, celle dans laquelle nous évoluons, entourés d'étoiles, de galaxies et de planètes. De même faut-il savoir qu'il existe plusieurs ceintures zodiacales, la dernière et la plus proche de notre terre étant appelée « Zodiaque tropique », celui qui se situe au plus proche de notre terre. Ce Zodiaque (celui dont nous nous servons pour ériger un thème astral), est construit sur l'écliptique, c'est-à-dire sur le parcours apparent du Soleil. L'Équinoxe de Printemps (ou point vernal) est le point de départ du Zodiaque, le degré zéro du signe du Bélier, à chaque début de cycle …

Un mot concernant la querelle opposant les astrologues utilisant le Zodiaque sidéral à ceux qui se servent du Zodiaque tropique, ou encore ceux qui utilisent les 2 Zodiaques simultanément … ceci est un faux problème, dans la mesure où ce qui sert de point d'appui *en dernier lieu* reste le Zodiaque tropique, *dernier filtre du mécanisme astral* à distribuer les énergies en provenance d'en Haut. C'est donc bien ici une question de niveau, « d'étage », de chemin emprunté par les rayonnements. Et c'est le Zodiaque le plus près de nous, le Tropique, qui sert de dernier filtre, même s'il existe effectivement d'autres zodiaques, bien au-delà de notre système solaire, notamment celui entourant la Partie Cosmique tout entière. En réalité, le Zodiaque des étoiles (qui comporte d'ailleurs 13 constellations) n'a rien à voir avec le Zodiaque qui entoure notre Terre. Celui-ci étant une ceinture composée de 12 faisceaux de lumière, d'énergies, 12 faisceaux ayant la même largeur : 30 degrés.

Le chiffre 12 est le chiffre de la Perfection. Celle-ci est inscrite dans le rythme à 12 temps actionnant la ceinture zodiacale. De même, au centre du chiffre 12 s'inscrit le chiffre 4 : La Croix, les Quatre Éléments, les Quatre Saisons, qui forment en quelque sorte le cœur de la ceinture zodiacale. Il ne faut donc pas concevoir le Zodiaque comme quelque chose d'isolé, dont on ne distinguerait pas l'origine. Le Zodiaque est un filtre, le dernier filtre permettant aux énergies astrales de venir jusqu'à notre terre, jusqu'à nous, ou plus exactement *jusqu'en nous* ! La ceinture zodiacale est ainsi reliée à toute une chaîne de « relais » acheminant ce qui nous est nécessaire pour accomplir notre destin sur terre.

Pénétrons encore un peu plus loin dans la représentation de ce mécanisme astral, car celui-ci est vivant, *réellement animé par des êtres vivants* ! Les planètes, les galaxies, les étoiles, le Zodiaque lui-même, sont « habités » par des êtres vivants, des êtres « essentiels » d'une nature particulière, très différente de la nôtre bien entendu. En réalité, ce sont des milliards d'entités qui s'affairent au-dessus de nos têtes et qui ont chacune une tâche précise dans le fonctionnement du grand mécanisme de l'Horloge Cosmique. *Il ne peut y avoir de vie sans conscience* ! Il est donc erroné de penser que tout cela fonctionne seul, sans l'aide d'êtres doués de conscience. Tout dans la Création est animé, mû par des êtres conscients. Le fait que nous ne pouvons pas voir ces êtres de nos yeux physiques est la conséquence de notre densification, de notre alourdissement dû à notre hyper-intellectualisation.

Le cycle des rayonnements est immense, car il part du Haut et se déroule, en descendant, sur chaque plan de la Création, jusque dans notre Partie Cosmique. Mais il est important de préciser ici que le cycle perpétuant la Vie du Haut en bas se scinde en deux parties, en deux hémicycles : il y a tout d'abord *le mouvement descendant,* permettant aux rayonnements de se diriger vers le bas, vers la Terre ; et il y a *le mouvement ascendant,* permettant aux rayonnements de revenir vers le Haut, vers la Source, l'Origine. Ce mouvement ascendant et descendant pourrait être comparé au système circulatoire sanguin de l'homme qui fonctionne grâce à un va-et-vient continuel entre le mouvement artériel (aller) et le mouvement sanguin (retour).

L'esprit humain n'intervient en aucune façon en ce qui concerne le mouvement descendant, permettant que nous parviennent les 12 rayonnements, et ceci à travers le mouvement de la ceinture zodiacale et celui des planètes de notre Système Solaire. Les dispensateurs des rayonnements qui nous parviennent jusque sur la Terre ne sont autres que les *« Êtres Essentiels »,* que l'on peut également nommer *« les Entéaux ».* Ceux-ci sont d'un genre différent, tout autre que celui inhérent à l'esprit humain. L'Essentialité dans son ensemble agit intégralement dans la Volonté Divine, elle en est l'exécutante et ne peut jamais s'en écarter. Celle-ci ne possédant pas en effet la faculté du libre-arbitre, l'Essentialité œuvre toujours dans la Pureté et dans l'Incorruptibilité de la

Loi ! Elle est et reste dans la Loi, elle est l'instrument indéfectible des lois de la Création issues de la Source. L'Essentialité agit ainsi uniquement dans le Don, à l'image de la Nature qui, nous entourant et nous enveloppant telle une Mère, nous permet de pouvoir vivre et de subsister jusque dans la matière dense, dimension constituant tout ce qui nous est perceptible avec nos sens terrestres.

Les dieux grecs, romains et germains venant de l'Olympe ou du Walhalla : Ouranos, Cronos, Hadès, Zeus, Thor et tant d'autres, ne sont pas seulement des abstractions, des symboles, mais ils représentent de très puissantes Entités de nature essentielle et sont des points de jonction pour certains rayonnements particulièrement déterminants pour notre évolution et celle de toutes les créatures. La fonction et l'action de ces Entités essentielles se trouve aujourd'hui très éloignée de ce que croient les hommes, qui ont voulu les « *humaniser* » mais dont le genre est et reste étranger à celui de l'homme. De même, à un tout autre niveau, les elfes, les ondines, les salamandres et les gnomes, œuvrant cette fois-ci au cœur même des 4 Éléments, l'Air, l'Eau, le Feu et la Terre, font-ils partie de cette chaîne immense, cet Anneau que forme l'Essentialité. Cependant, si l'action des Êtres de l'Essentialité, petits et grands, permet que s'accomplisse le Cycle des Rayonnements dans la direction descendante, donc du Haut vers le bas, il est indispensable que la boucle se boucle et que puisse se réaliser le mouvement du retour, c'est-à-dire la deuxième partie du cycle des rayonnements, qui part du bas, de la Terre, pour remonter dans la spirale ascendante et revenir vers la Source.

Seul l'esprit humain possède, grâce à son noyau spirituel, les capacités pour permettre le cycle du retour des rayonnements, c'est son rôle ! Le genre spirituel doit permettre le contre-courant au mouvement essentiel, et ceci lorsqu'il utilise les rayonnements qui le traversent conformément aux lois inscrites dans la Création ! L'esprit humain possède un vouloir, le vouloir spirituel ! Ce vouloir fait partie intégrante de la nature de l'esprit humain. L'homme ne peut faire autrement que de mettre en action son vouloir, dans une direction ou une autre, et cela à chaque instant de son existence. Ainsi, le vouloir de l'homme - par la faculté de libre-arbitre qui lui est dévolue - peut être constructif ou destructif, lumineux ou ténébreux ! Mais ce n'est que lorsque le vouloir spirituel de l'homme se met en action en accord avec les lois de l'univers et donc avec les courants issus de l'Essentialité, que les rayonnements utilisés peuvent s'embraser et s'élever dans le mouvement du Retour. Ce mouvement de Retour s'élève alors telle une spirale violette, provoquant une attraction magnétique avec les mondes supérieurs. Ce n'est qu'ainsi que peut être maintenue la liaison avec les Hauteurs Lumineuses, avec Dieu !

On comprend alors l'immense responsabilité qui pèse sur nos épaules, car, par notre comportement immature, tiède et égocentrique, nous avons précisément, et cela depuis bien longtemps, interrompu le Cycle de Retour des Rayonnements. Ce qui, par voie de conséquence, a entraîné non seulement notre propre chute, mais également la chute de la Terre et de tout l'univers matériel qui nous entoure. Là encore, il ne s'agit pas d'une image lorsque je dis que la Terre a chuté et continue de chuter. Car celle-ci ralentit véritablement son mouvement de rotation, basculant même physiquement, et s'éloignant toujours plus des plans lumineux. Les scientifiques eux-mêmes ont observé, depuis le début du XIXème siècle, la bascule progressive de notre planète, en constatant l'accentuation de l'inclinaison de son axe (23,5°), parallèlement au mouvement dû à la précession des équinoxes.

La première compréhension qu'il nous faut à présent asseoir de manière solide est celle du Zodiaque, des 12 signes zodiacaux. En effet, la ceinture zodiacale représente *le mécanisme astral* permettant aux énergies, aux courants issus d'en Haut, de parvenir jusqu'à nous. Je donnerai donc en premier lieu la signification « *spirituelle* » de chacun des 12 signes zodiacaux. Ces notions élevées représentent les « *Archétypes* », les modèles des vertus issues des plus hautes sphères de la Création.

Chacun pourra, à travers ces notions – certes condensées – y reconnaître l'Origine, car il nous faut partir d'en Haut pour descendre ensuite dans les ramifications qui découlent de ces concepts grandioses ! Ainsi seulement pourrons-nous poser les bases véritables de l'Astrologie, cet Art qui fut, il y a bien longtemps, réservé aux seuls initiés, aux Prêtres-Rois œuvrant dans les Temples.

Notions spirituelles reliées aux 12 signes zodiacaux

Le BÉLIER ♈
Élément : FEU – Qualité : CARDINALE

Le Bélier <u>lance</u> l'esprit dans l'expérience de la vie. C'est <u>l'impulsion première</u> qui propulse l'individu dans son incarnation. Départ du cycle du Zodiaque, <u>le Bélier enclenche le mouvement de la roue zodiacale.</u> C'est le premier signe cardinal, première porte à s'ouvrir qui doit permettre à l'esprit d'aller de l'avant, sur le chemin qui lui est tracé par les lois cosmiques.

Le Bélier est un signe de Feu. C'est le feu de l'esprit qui commence à agir dans la matière, en expérimentant chaque chose suivant ses désirs les plus profonds. Signe instinctuel par excellence, l'énergie du Bélier permet à l'être de se mettre en action en vue d'acquérir son indépendance, sa liberté spirituelle. C'est le premier pas vers <u>l'auto-conscience,</u> but suprême de tout le genre spirituel, qui seul dans la création, parmi toutes les créatures, possède la faculté de libre-arbitre !

<u>Le Bélier est directement relié au signe du Verseau,</u> le verseur d'eau, car ces deux signes sont intimement liés au genre spirituel et donc à *l'Esprit Saint.*

Le TAUREAU ♉
Élément : TERRE – Qualité : FIXE

L'esprit étant à présent propulsé dans son incarnation, grâce à l'impulsion donnée par le Bélier, l'être doit s'ancrer dans la terre et c'est le Taureau qui lui offre ce point d'appui, ce socle, cette stabilité indispensable à son épanouissement. Le Taureau est la force de construction. Elle permet à l'être de bâtir, de matérialiser les désirs générés par le vouloir de l'esprit.

Signe d'enracinement, le Taureau permet ainsi à l'esprit d'enraciner ses acquis spirituels. La stabilité propre au Taureau permet également à l'esprit humain de résister aux agressions extérieures. Pour cela, le Taureau confère à l'esprit humain, telle une vertu primordiale, la Force du Courage ! Les deux pieds campés dans la terre, l'être peut œuvrer en toute sécurité afin de construire et développer son propre système de valeurs.

Les GÉMEAUX ♊
Élément : AIR – Qualité : MUTABLE

Premier signe dit mutable, les Gémeaux sont traditionnellement reliés à l'intellect, à la sphère mentale de l'homme. Ceci est certes exact mais il manque l'explication véritable et profonde de la raison d'être des 2 Gémeaux, des 2 Jumeaux ! Les Gémeaux représentent en réalité 2 niveaux de conscience. L'un est le plus dense, il s'agit de l'intellect, représentant la compréhension terrestre des choses, la pensée. L'autre est le plus fin, il s'agit de l'intuition, représentant l'appréhension, le ressenti immédiat des choses. L'intuition, en effet, est l'expression de l'esprit tandis que l'intellect est l'outil au service de l'esprit incarné dans la matière.

Les Gémeaux font donc, par l'intermédiaire de l'intuition, le lien entre l'esprit et l'intellect. Il doit y avoir un dialogue permanent entre ces deux principes en mouvement perpétuel. On retrouve là la mobilité, la mutabilité propre au signe des Gémeaux. C'est grâce au mouvement incessant de l'esprit en lien avec l'intellect, que l'homme peut apprendre, assimiler, étendre ses connaissances et se lier à l'autre dans un échange vivant et constructif. Ainsi, si le signe des Gémeaux maintient effectivement le lien entre les deux niveaux de conscience de l'homme, l'esprit et l'intellect, celui-ci permet également de faire le lien spirituel entre les individus, perpétuant ainsi le mouvement de la vie entre tous les êtres humains.

Le CANCER ♋
Élément : EAU – Qualité : CARDINALE

Premier signe d'Eau, le Cancer représente l'Eau matricielle, l'amour qui donne, enveloppe et protège la vie. Sans cette Eau matricielle, le Zodiaque n'aurait pas de bases. Car le Cancer est la matrice, le fondement ! Tout est renfermé en puissance dans l'Eau cancérienne, rien ne pouvant exister ni se développer qui n'en soit pas issu.

Le Cancer, aujourd'hui essentiellement assimilé aux notions de famille, de mère, de sécurité ou surtout de passé, devrait donc être appréhendé dans un sens beaucoup plus large, plus élevé. Le Cancer renferme effectivement en son sein l'Origine, ce qui est en gestation et qui devra grandir en sortant du cocon protecteur. C'est ainsi que la notion spirituelle de Mère est directement liée au signe du Cancer. Car la Mère, dans sa notion la plus haute, symbolise la puissance de l'Eau, la puissance de l'Amour qui donne, enveloppe le feu et protège toute vie.

Le LION ♌
Élément : FEU – Qualité : FIXE

Signe où règne en maître le Soleil, le Lion peut être considéré à ce titre comme le cœur de la roue zodiacale. Feu Créateur, feu vivifiant, le Lion domine par sa puissance rayonnante et éclaire jusque dans les recoins les plus éloignés de la Création toute chose et tout être. Le Lion est Lumière. Il reçoit la Lumière rayonnante du Soleil. Or, le Soleil symbolise le principe spirituel ! Il est donc le centre, le moteur, l'énergie primordiale, la Volonté originelle de toute vie.

La Création dans laquelle nous vivons fut engendrée par un Acte de Volonté et d'Amour : « *Que la Lumière soit et la Lumière fut !* » Le Souffle du Lion prolonge cet Acte en amenant la Lumière plus loin, éclairant jusque dans les ténèbres les plus lointaines ! En cela, le signe du Lion est intimement lié à l'Acte Créateur et donc à la notion de création, d'amour et de volonté.

L'individu marqué par le Lion a obligatoirement un potentiel créateur important. Sa volonté (principe spirituel) est forte et il va toujours de l'avant. Comme le Lion est aussi propulsion, il devient acte créateur. Il est le feu qui jaillit et va plus loin, brisant les limites ! Si le Bélier symbolise le Feu qui s'étend de manière instinctive, « brute », le Lion, lui, l'amène, *par amour,* un pas plus loin … Et le Feu peut devenir création !

La VIERGE ♍
Élément : TERRE – Qualité : MUTABLE

Reflet de la Pureté Originelle, de la blancheur immaculée, la Vierge est à l'image des plus hautes Entités évoluant dans les plus hautes sphères de la Création. Rien ne se pose, rien ne se marque ni ne s'inscrit sur le manteau blanc de la Vierge, car elle est limpidité, neutralité absolue, rigueur incorruptible ! Signe lié – avec le Cancer – à la Féminité dans sa notion la plus noble, la plus élevée, la Vierge représente la Terre de la Féminité, une terre immaculée de blancheur.

Au niveau de la ceinture zodiacale, la Vierge représente le filtre qui repousse tout ce qui n'est pas en conformité avec les Lois de la Création. La Vierge permet de trier, de séparer le pur de l'impur.

Tout passe donc par la Vierge, car tout ce qui flue à travers la ceinture zodiacale, du haut vers le bas comme du bas vers le haut, doit rester limpide et non entaché.

La BALANCE ♎
Élément : AIR – Qualité : CARDINALE

La Balance est équilibre ! Équilibre entre le Masculin et le Féminin, entre le Yin et le Yang, entre le Feu et l'Eau, entre l'Amour et la Volonté. *Dans l'un des plateaux de la Balance est le Soleil et dans l'autre la Lune.* Cet équilibre se retrouve au centre de la Croix : là se trouve le fléau de la Balance, qui permet que la Loi soit respectée dans la Justice la plus impartiale. La Balance symbolise ainsi la balance de Justice. Sans elle, l'équilibre est rompu et le chaos s'installe. C'est la Balance qui maintient la roue zodiacale en équilibre !

Les notions d'échange, d'harmonie dans la relation, d'association, traditionnellement attribués au signe de la Balance, ne peuvent pas être séparés de la notion d'équilibre et celle de justice. En réalité, cette notion est le fondement de ce signe cardinal. Toute relation ne peut être juste que si elle vibre dans la Loi, Loi de Justice qui maintient l'harmonie, l'ordre entre tous les êtres humains. Si la Balance représente l'équilibre entre le genre masculin et le genre féminin, celle-ci représente également l'équilibre entre le donner et le recevoir, qui reste l'une des lois fondamentales de la création. Tout être reçoit son dû en fonction de ce qu'il a fait, de ce qu'il a donné. En cela réside l'équité de la Loi. La Balance se tient au centre de ce processus dans lequel peut être maintenu le mouvement de l'équilibre entre toute chose et tout être.

Le SCORPION (l'AIGLE !) ♏
Élément : EAU – Qualité : FIXE

Le signe du Scorpion est celui qui, parmi les 12 douze signes zodiacaux, a changé de nom au cours des siècles et des millénaires … Il est le seul à s'être métamorphosé, car l'énergie de ce signe a été particulièrement déformée, distordue, pervertie, au fil du temps, au fil des millénaires …

En effet, les écrits les plus anciens nous renseignent sur un point capital : autrefois, le Scorpion n'existait pas. *C'est l'Aigle qui avait sa place au sein de la roue zodiacale.* Que le Scorpion ait usurpé la place de l'Aigle est le signe, la preuve manifeste de la décadence morale et spirituelle de l'homme de la terre. Cette dualité, cette opposition entre ces deux symboles est lourde de signification et nécessite un éclairage approfondi.

La plus ancienne référence connue de l'Aigle remonte à l'époque sumérienne, il y a environ 4.500 ans ! Bien avant l'avènement du Christ et l'écriture de la Bible, le peuple de Sumer avait connaissance des 4 Animaux.

Dans le peuple sumérien, ainsi que chez les Babyloniens, les Assyriens ou encore chez les Perses, les 4 constellations du Verseau (seule image à forme humaine du Zodiaque), du Taureau, du Lion et de l'Aigle (qui est le véritable symbole à la place, au-dessus du Scorpion) se trouvaient aux Solstices et aux Équinoxes, donc aux 4 Points Cardinaux du ciel, les 4 angles les plus importants, puisqu'ils règlent les saisons et tout ce qui en découle : la vie végétale, la vie animale et la vie humaine. Ces points correspondent aux 4 grands Gardiens cosmiques du monde terrestre et bien au-delà, comme je l'ai mentionné plus haut, dans mon introduction, en parlant des 4 Animaux Initiés autour du Trône de Dieu …

Le Sphinx lui-même peut être considéré comme une synthèse de ces 4 Piliers, ces 4 Éléments : la tête humaine, les griffes du Lion, le corps du Taureau et les ailes de l'Aigle, figure de l'Oiseau royal.

L'Aigle survolant le monde de son regard perçant et incorruptible, représente la Dignité, la Noblesse à son plus haut niveau. L'Aigle porte en lui la maîtrise de tous les bas instincts de l'homme, y compris la maîtrise de la force sexuelle, ce que l'on *appelle la Kundalini*. Le symbole du Phoenix correspond parfaitement à la métamorphose qui s'opère lorsque l'individu laisse le Scorpion pour devenir Aigle, lorsque l'être se libère et prend son envol, laissant derrière lui tout ce qui le retenait à la terre : passion, perversion, dissimulation, pouvoir destructeur, etc.

Le SAGITTAIRE ♐
Élément : FEU – Qualité : MUTABLE

Le Sagittaire ! le Feu qui propulse plus loin ! Comme les Gémeaux, signe formant le même axe, le Sagittaire possède la forme spirituelle. La flèche prête à être tirée symbolise ce qui doit aller plus loin, ce qui doit se projeter au-delà de la limite connue ! La connaissance acquise grâce au signe des Gémeaux peut être disséminée, amenée plus loin grâce à l'action propulsive du Sagittaire.

Il est cependant une notion qui n'est jamais – traditionnellement parlant – reliée au Sagittaire : c'est la notion de concentration. Dans les déformations attribuées au Sagittaire, on parle souvent d'éparpillement ou encore de superficialité, mais on a oublié que la vertu première du Sagittaire est la concentration : le Noir ! En effet, le Sagittaire est un cheval au buste d'homme. Il y a donc 2 parties distinctes, 2 genres différents qui cohabitent dans le même être : *l'animal et le spirituel.* On retrouve ici l'ambivalence, l'opposition et la complémentarité propre aux 2 Gémeaux, et donc les notions d'intellect et d'esprit. L'animal joue ici le rôle de catalyseur : c'est le pôle de concentration du Sagittaire. L'être spirituel représente le pôle d'expansion, d'élargissement. C'est l'homme qui décoche sa flèche afin d'amener plus loin ce qu'il a concentré en lui ! Ainsi, *le Sagittaire est à la fois concentration et expansion.*

La foi et la conviction ne peuvent s'acquérir que dans un mouvement de concentration, avant d'aller plus loin ! Car c'est au centre que se situe la Lumière, c'est au centre que l'on peut trouver la Lumière et non à l'extérieur de soi-même ! Cette Lumière, lumière de la connaissance, peut être amenée plus loin lorsque celle-ci est devenue conviction. D'où le rapprochement entre le Sagittaire et l'élévation de la conscience ainsi que la philosophie. L'être ne peut donc s'élever en conscience que lorsqu'il aura concentré en lui tout le savoir acquis par l'expérience vécue. Alors seulement pourra venir l'illumination issue d'une véritable conviction. La foi doit devenir conviction, qui seule peut élever la conscience de l'homme incarné sur terre. Le Sagittaire permet cela. C'est seulement après avoir acquis cette conscience « supérieure », « initiée », que l'homme peut enseigner et amener plus loin le savoir qu'il aura engrangé en son cœur !

Le CAPRICORNE ♑
Élément : TERRE – Qualité : CARDINALE

Archétype d'élévation, le Capricorne se tient en haut de la montagne ! Ce signe est symbole d'aboutissement, d'accomplissement. Être né sous le signe du Capricorne représente une très grande exigence : exigence d'élévation ! L'être doit atteindre la maturité spirituelle. Il doit, s'il veut atteindre cette maturité, se hisser au-dessus de ce qui le retient en arrière : le passé bien sûr (le cancer, signe opposé et complémentaire symbolise ce passé), et tout ce qui peut retenir l'être dans l'accomplissement de son destin. Le Capricorne, l'animal, ne vit que dans la montagne : celle-ci symbolise la solitude, le sevrage, l'isolement, mais aussi la plénitude ! Cette solitude est nécessaire, indispensable, car l'être ne peut atteindre une réelle maturité qu'en allant au fond de lui-même, en se re-connaissant !

L'être marqué par le Capricorne doit se retrouver finalement seul avec lui-même. Et il sera, qu'il le veuille ou non, face à lui-même, face à sa construction, face à ce qu'il est devenu par ses choix, par l'orientation de son vouloir. Cependant, la solitude peut être vécue de bien des façons... Si l'être a accompli son destin, alors la solitude devient richesse, élévation, illumination. Si l'être est resté en arrière et n'a pas accompli le travail qui lui était demandé, alors la solitude devient souffrance. C'est alors un angoissant vide intérieur qui fait souffrir l'âme, qui prend conscience de sa faillite.

Le VERSEAU ♒
Élément : AIR – Qualité : FIXE

Le Verseur d'Eau ! Il est comme une fontaine qui dispense l'Eau de la Vie !

L'Eau de la Vie que déverse la fontaine du Verseau est le symbole de *l'Universalité des Lois !* Ces Lois qui traversent toutes les créations et que chaque être, à son niveau, peut pressentir. Symbole universel et intemporel, le Verseau amène le renouveau partout. Ce signe appartient à l'Élément Air, parce qu'il fait le lien entre tous les êtres et les unit à travers le grand cycle de la création. C'est là le lien avec la notion – très ramifiée – de fraternité attribuée traditionnellement au Verseau. Le glyphe du signe du Verseau – *les 2 ondes superposées* – représente ainsi le mouvement des lois qui agit jusque dans les moindres recoins des univers.

Le genre spirituel est particulièrement relié au signe du Verseau en ce sens que l'accomplissement de l'esprit humain ne peut se réaliser qu'en vivant la dimension universelle de l'Amour, dénué de tout aspect personnel, égotique. En cela aussi, *le Verseau est lié spirituellement au Bélier, et par voie de conséquence, à l'Esprit Saint.*

Derrière les lois agit l'Amour, l'Amour Divin, toujours inséparable de la Justice. C'est vers cet « Amour Universel » que doit tendre l'homme de la terre. Symbole puissant et souvent méconnu, le Verseau est le signe fixe faisant face au Lion, ce symbole d'amour et de créativité. Le Verseau lui, amène la notion d'Amour à son niveau le plus élevé, le plus transcendant, le plus spirituel.

Les POISSONS ♓
Élément : EAU – Qualité : MUTABLE

Les Poissons : ils sont deux ! L'un a la tête orientée vers le bas, vers les profondeurs de l'océan. L'autre a la tête orientée vers le haut, vers la lumière au-dessus de l'eau. *Les Poissons permettent la jonction entre les profondeurs et les Hauteurs !*

Symboliquement, l'océan renferme dans ses profondeurs toutes les richesses spirituelles. Celles-ci peuvent remonter vers les Hauteurs de Lumière lorsque l'homme a accompli son cycle de Lois. Douzième signe du Zodiaque, les Poissons ferment ainsi la boucle, préparant ainsi un autre Devenir, un nouveau Cycle Cosmique.

Les Poissons sont reliés en leur centre par un lien infrangible. C'est là le symbole de l'alliance entre la créature et son Dieu. L'aspect mystique traditionnellement attribué aux Poissons n'est qu'une déformation de la véritable spiritualité que se doit d'atteindre l'homme, lorsqu'il accomplit son destin en conformité avec les lois, lorsqu'il s'est dépouillé de tout ce qui le retenait encore à la matière. Pluton symbolise la matière dans laquelle nous sommes plongés en vue de notre mûrissement, et c'est Neptune qui symbolise les Hauteurs spirituelles vers lesquelles nous devons retourner après avoir accompli le cycle de nos incarnations. C'est pourquoi ces 2 planètes sont aujourd'hui les 2 maîtres du signe des Poissons, clôture du cycle d'évolution, Jupiter gardant la maîtrise de ce signe à un niveau inférieur.

Les Poissons représentent l'exigence suprême pour l'homme de la terre. Cependant, à cause de son alourdissement, de sa chute, celui-ci ne peut plus atteindre véritablement le niveau vibratoire des Poissons. Ce que représente ce signe est devenu inaccessible pour la grande majorité des esprits humains de la terre. Seule une aspiration sincère, alliée à une grande humilité, ainsi qu'à un don total de soi, peuvent permettre à l'homme de se rapprocher de la vibration spirituelle apportée par le signe des Poissons. Ajoutons ici que *le Christ* est directement lié au signe des Poissons : *symbole de l'Amour Divin, l'Amour Christique !*

Après avoir défini les notions spirituelles les plus hautes correspondant à chaque signe zodiacal, ceux-ci englobant des concepts et des mondes absolument gigantesques, il nous faut résumer à présent les vertus et les qualités reliées à chacun des 12 signes du Zodiaque, de même que les défauts et les déformations qui représentent en quelque sorte la symbolique inversée, pervertie des principes originels …

***

Les Quatre Éléments
(le Feu, l'Eau, l'Air et la Terre)

Pour comprendre ce qui anime chacun des signes zodiacaux, il nous faut en premier lieu aborder les notions liées aux 4 Éléments : le Feu, l'Eau, la Terre et l'Air. Rappelons ici encore une fois que les 4 Éléments prennent leur source tout près de la Source de vie, autour du Trône de Dieu, auprès des 4 Animaux Initiés : Le Bélier, le Taureau, le Lion et l'Aigle, qui forment les Piliers de la Création. Cependant, lorsque l'on remonte vers la Source de toute Vie, il faut bien comprendre que ce qui est en bas n'est pas (*ou plus*) forcément identique à ce qui est en Haut.

En effet, *le Bélier est lié au Spirituel,* et c'est l'Eau qui représente le genre spirituel, vibrant dans la couleur bleue.

De même, *l'Aigle représente la Terre,* le socle de toute vie … celui-ci vibre à l'origine dans la couleur verte, la couleur de la nature qui nous entoure … la nature et tout ce qui nous permet de nous poser, de nous enraciner, de nous relier.

Le Taureau, représente originellement le Feu et vibre dans la couleur rouge. Le Taureau donne la Force à chaque être pour se mouvoir, pour se projeter dans l'expérience de la Vie …

Et c'est *le Lion,* certes lié à l'Air, mais plus exactement au Vent, au Souffle de la Volonté, *qui embrase le Feu (couleur jaune),* l'emmenant plus loin dans un acte créateur …

Beaucoup plus bas, dans la matérialité, à travers la ceinture zodiacale, l'Aigle s'est métamorphosé en Scorpion … il s'est transformé en signe d'Eau … funeste déformation due à la chute de l'esprit humain. L'Aigle, au départ lié à la Terre, faisant le lien entre le Ciel et la Terre, a muté dans l'élément eau … l'eau des émotions, l'eau des passions, l'eau du sentiment déformé ; le Scorpion, animal rampant … De même, le Taureau a perdu son énergie, sa force, sa puissance. En s'ancrant dans la terre des hommes, il a perdu de son feu ardent … Le Lion est devenu un signe d'Air et a perdu le souffle du Vent … cette différence n'est pas anodine, car l'Air est passif alors que le Vent, lié à la Volonté Divine, est actif ! Tout cela a scellé la séparation entre ce qui reliait la sphère divine au monde matériel dans lequel nous évoluons depuis que l'esprit humain s'est incarné sur terre il y a des millénaires … Enfin le Bélier, à l'origine lié à l'Eau du spirituel, s'est transformé en signe de Feu, symbole de la déformation du genre spirituel. Intimement relié à la notion de paix, le Bélier a basculé vers la guerre et les conflits, le faux combat, puisque n'ayant pas accompli le but qui lui était imparti à l'origine : instaurer la paix, l'harmonie et la beauté sur terre, en embellissant et en spiritualisant toute chose autour de lui …

Rien ne vibre plus dans les Lois, depuis que l'homme de la terre a chuté et est sorti du mouvement de la Loi qui l'enserrait dès ses premières incarnations dans la matière « dense » … On ne peut pas appréhender ce qui se déroule au-dessus et en nous, si nous n'avons pas connaissance des événements, des bouleversements qui nous ont conduit dans la situation inextricable dans laquelle nous sommes aujourd'hui, à l'heure où tous les cycles se clôturent, à l'heure où le cycle des réincarnations arrive à son terme !

Le Feu est l'élément primordial, car *il est* la Vie ! Il est l'élément moteur de la Vie. Il est à l'Origine le UN. L'Unité se démultiplie au fur et à mesure que l'on descend vers les mondes les plus denses, vers la matière. Pythagore disait à ce sujet : « *L'Unité est la Loi de Dieu … Le Nombre est la Loi de l'Univers … »*

L'Eau est l'élément qui permet la Vie ! L'Eau contient le Feu, elle le circonscrit dans un espace viable. Sans l'Élément Eau, le Feu brûle tout sur son passage et la vie ne peut se perpétuer. L'Eau est donc la matrice universelle. C'est la Mère Universelle qui permet que s'étende partout la Vie, et qu'elle se propage jusqu'aux plus petites créatures. Le premier signe d'Eau, le Cancer, représente précisément la notion de Mère, celle qui donne la vie et la protège, tandis que le Lion (Feu) représente le Feu de l'Esprit. C'est le principe solaire et le principe lunaire, premiers réceptacles de l'Eau et du Feu permettant la vie sur terre. Ainsi, le Feu et l'Eau sont les 2 éléments primordiaux, ceux qui président en quelque sorte le Quaternaire (le Carré des Éléments).

L'Air est l'élément qui permet que s'étende plus loin la Vie. Le Vent active le feu, l'embrase et l'emmène plus loin. C'est pourquoi en Astrologie, les signes d'Air sont liés en premier lieu à la notion de communication, car ils permettent de faire le lien entre tout. L'Air — le Vent, propulse plus loin, dans chaque recoin des univers, la Volonté d'en Haut.

La Terre est l'élément qui permet que se pose, que s'enracine la Vie. C'est l'Élément Terre qui permet la stabilité, sans laquelle tout resterait en suspens, sans jamais pouvoir se poser, sans jamais pouvoir s'ancrer pour s'épanouir. La Terre est le socle indispensable à toute vie. Sans la Terre, tout resterait en suspens et rien ne pourrait jamais se construire.

Le FEU et l'AIR sont des signes positifs, actifs, donc de polarité masculine. Les signes de TERRE et d'EAU sont quant à eux des signes négatifs, passifs, donc de polarité féminine. Le Feu est lié à l'Air, comme nous l'avons vu précédemment, en ce sens que c'est le Souffle qui anime et fait s'étendre le Feu, tandis que la Terre est liée à l'Eau, en ce sens que la Terre réceptionne l'Eau en son sein. L'Eau est l'enveloppe et la Terre donne la forme. Ces 2 Éléments (l'Eau et la Terre) permettent la gestation de la maturation. Les signes de Feu et d'Air sont par conséquent liés à l'action, à la propulsion, tandis que les signes de Terre et d'Eau sont liés à l'intériorisation, à la réceptivité.

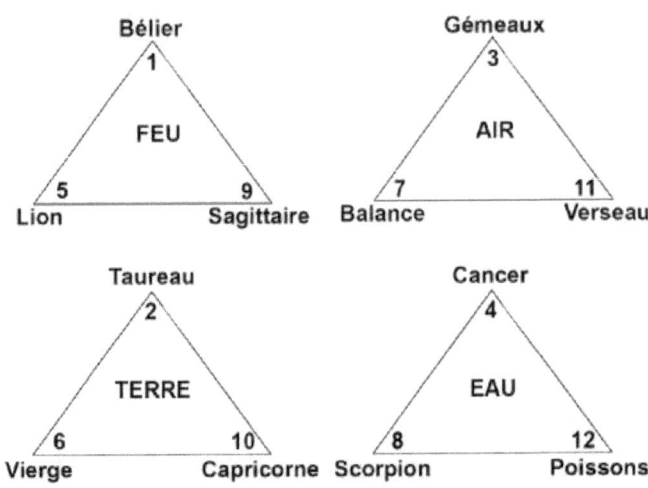

Chaque triplicité fonctionne comme un Tout et forme un cycle. Ainsi, la Triplicité de Feu commence son cycle avec le Signe du Bélier, puis continue avec le Signe du Lion et termine par le Signe du Sagittaire. Il en est de même pour la Triplicité de Terre, avec le Signe du Taureau, puis de la Vierge et enfin du Capricorne. La Triplicité d'Air fonctionne avec le signe des Gémeaux, puis de la Balance et enfin du Verseau. La Triplicité d'Eau fonctionne avec le signe du Cancer, du Scorpion et pour finir des Poissons, douzième signe du Zodiaque.

Donnons à présent une signification psychologique et spirituelle des prédominances liées aux 4 Éléments. Ces principes sont valables dans le cas où, dans un thème de naissance, une majorité de planètes occupent les signes d'un même élément. Exemple : 5 ou 6 planètes dans l'élément Feu (Bélier, Lion, Sagittaire) et 4 ou 5 planètes réparties dans les 3 autres éléments. Chaque cas étant cependant toujours très particulier, suivant la répartition des facteurs astrologiques (planètes, Nœuds Lunaires, Lunes Noires, Parts Arabes, etc…) entre les 4 éléments.

Prédominance des planètes dans des signes de feu : L'individu bénéficie d'une grande propulsion, d'un élan enthousiaste et d'une forte vitalité. Une accentuation de l'Élément Feu donne une personnalité de sportif, de guerrier, en tous cas de « battant », car la volonté est forte et s'impose. C'est l'impulsif qui va extérioriser tout ce qu'il a en lui. Il ne connaît pas l'introspection, car il va toujours de l'avant, sans hésiter et sans regarder en arrière. L'impatience, un tempérament parfois colérique et intolérant sont les défauts liés à cette prédominance Feu.

Le tempérament correspondant à une prédominance Feu est, selon Hippocrate (médecin grec né en 460 avant J.C.), le BILIEUX. Selon Carl-Gustav Jung, psychologue et psychanalyste suisse, qui a énuméré 4 fonctions psychologiques principales (nommée croix jungienne), le Feu correspond à la fonction INTUITION.

Spirituellement, le FEU est lié à la FORCE et au COURAGE.

Prédominance des planètes dans des signes d'air :
L'individu qui possède une accentuation de l'Élément Air est porté vers une intellectualisation de la vie. Le mouvement de l'individu est grand, car il veut impérativement acquérir une vision objective de la vie, en rationnalisant, en ayant une attitude discriminatoire et critique de tout ce qui l'entoure. Le monde des idées et des idéaux est ici prépondérant. La communication joue un rôle extrêmement central chez l'individu Air, car il a sans cesse besoin d'échanges, de contacts afin que sa conscience puisse grandir et s'épanouir. Cette dominante génère aussi bien le chercheur, le journaliste, l'orateur, l'inventeur, que le professeur ou l'instructeur.

Le tempérament correspondant à une prédominante Air est, selon Hippocrate, le SANGUIN. Selon C-G. Jung, l'Élément Air est lié à la fonction PENSÉE.

Spirituellement, l'AIR (le VENT) est lié à la VOLONTÉ, il permet de témoigner de la Volonté d'en Haut et d'agir en accord avec Elle.

Prédominance des planètes dans des signes d'eau :
Avec cette dominante, la personne est tournée vers elle-même, vers le monde de l'inconscient et de l'imaginaire. L'individu vit en contact permanent avec ses émotions, avec son monde intérieur. La sensibilité psychique est très forte et

va même souvent jusqu'à l'hypersensibilité. L'individu EAU est en retrait. Il est dans l'introversion et n'est pas dans l'action. Il préfère l'attente, la passivité, la réceptivité, l'observation, qui lui permettent de sentir, d'appréhender ce qui vient à lui. Avec cette dominante, on trouve aussi bien le poète que l'artiste peinture ou musicien, ou encore le psychologue. L'indolence, la paresse, une imagination débridée nourrie de fantasmes sont les défauts liés à cette tendance.

Le tempérament correspondant à une prédominance de l'Élément Eau est, selon Hippocrate, le LYMPHATIQUE. L'élément Eau est également à placer en correspondance avec la fonction SENTIMENT définie par C.-G. Jung.

Spirituellement, l'EAU est liée à l'AMOUR avec un grand « A ». L'eau est DON DE SOI, par Amour pour le Créateur.

Prédominance des planètes dans des signes de terre : Cette dominante amène l'individu à être essentiellement pratique et réalisateur, c'est le constructeur. Si, avec une dominante Eau, l'inconscient dominait, ici c'est le conscient qui est prépondérant. La vision de la vie est souvent assez matérialiste. On croit ce que l'on voit, car la perception des choses invisibles est étrangère à cet individu plutôt cartésien. Des capacités d'organisation, de persévérance, d'autodiscipline, de patience, sont les atouts de cette personne. Les défauts propres à cette dominante Terre sont l'entêtement, une tendance hypercritique négative et destructrice, ainsi qu'une austérité excessive et froide, de même qu'une tendance à la dépression.

Le tempérament correspondant à une prédominance de Terre est, selon Hippocrate, le NERVEUX. Selon la typologie de C.-G. Jung, l'Élément Terre correspond à la fonction SENSATION.

Spirituellement, la TERRE est liée à la DIGNITÉ et fait le lien avec le Haut, grâce à son enracinement dans les Lois de la Création ! C'est aussi le constructeur, l'architecte qui ancre les lois sur terre.

Pour davantage de clarté au niveau psychologique, voici page suivante un schéma des 4 Éléments en correspondance avec les typologies d'HIPPOCRATE et de JUNG. Il existe bien sûr d'autres typologies, qui sont toutes dignes d'intérêt.

Citons également la typologie mise au point par le philosophe René LE SENNE ou encore par exemple celle de W.-H. SHELDON, psychologue et professeur l'Université de Harvard, qui a défini une typologie de caractères très cohérente en morphopsychologie.

« Nul ne peut se prétendre médecin
s'il ne connaît les bases de l'astrologie. »
(Hippocrate)

FEU
Hippocrate : BILIEUX ou COLÉRIQUE
Jung : INTUITION

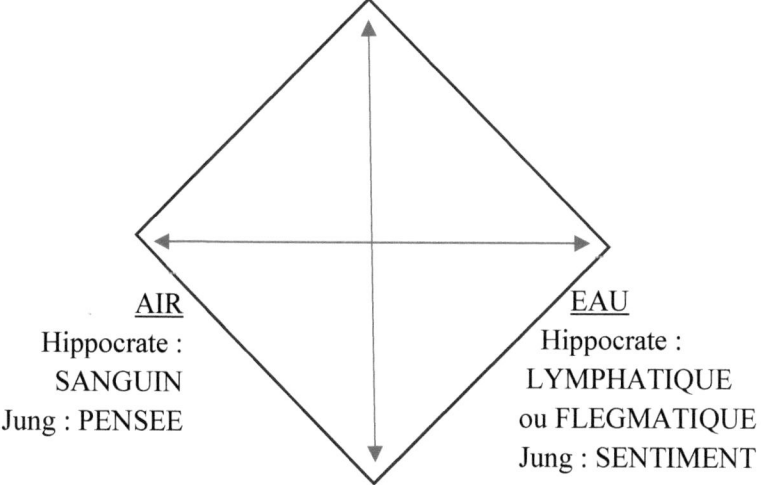

AIR
Hippocrate :
SANGUIN
Jung : PENSEE

EAU
Hippocrate :
LYMPHATIQUE
ou FLEGMATIQUE
Jung : SENTIMENT

TERRE
Hippocrate : NERVEUX
ou MÉLANCOLIQUE
Jung : SENSATION

Pour compléter et clore ce chapitre consacré aux 4 Éléments, voici les correspondances physiques correspondant aux 4 tempéraments définis par Hippocrate (médecin, 460-377 av. J.C.) :

• **Lymphatique :** **type EAU** **= Appareil digestif**

• **Sanguin :** **type AIR** **= Appareil respiratoire**

• **Bilieux :** **type FEU** **= Appareil ostéo-musculaire**

• **Nerveux :** **type TERRE = Système nerveux**

La Qualité
(La division ternaire)

Après avoir défini les 4 Éléments et leur importance, nous arrivons à la notion de Quadruplicité. Il s'agit de la répartition par 4 des 12 signes zodiacaux, basée sur le rythme Cardinal, Fixe et Mutable. De même que pour la répartition des Éléments à travers le Zodiaque, *la Qualité est directement liée à la notion de Saison.* En effet, chaque saison est enclenchée par un signe dit Cardinal, qui signifie : principal, pivot, porte … Cette manifestation à travers 4 signes distants d'un angle de 90 degrés fait apparaître la notion de Carré, donc de croix à branches égales. Les 12 signes zodiacaux se succèdent ainsi selon une division ternaire correspondant à chaque début, milieu et fin de saison. Pour chacune des 4 Saisons, nous aurons trois signes répondant à une appartenance (une Qualité) : Cardinale, Fixe et Mutable.

La Qualité d'un signe correspond à un niveau particulier de notre personnalité et à une fonction fondamentale de notre évolution. Là encore, comme pour les 4 Éléments, tout est lié et fonctionne telle une horloge dont les mécanismes s'emboîtent parfaitement les uns dans les autres. Chaque signe appartient par conséquent à une qualité particulière. Un signe dit Cardinal se répercute automatiquement sur les 3 autres signes cardinaux. Et ainsi de suite …

Les signes Cardinaux sont le Bélier, le Cancer, la Balance et le Capricorne. Ces 4 signes correspondant précisément aux quatre points cardinaux sont effectivement les Portes du Zodiaque en tant que leviers enclenchant la roue zodiacale. Ces signes zodiacaux se situent aux points d'Équinoxes et au Solstices. Ils enclenchent le début des saisons : l'Équinoxe de Printemps (21 mars) correspond au signe du Bélier ; le Solstice d'Été (21 juin) correspond au signe du Cancer ; l'Équinoxe d'Automne (21 septembre) correspond au signe de la Balance ; enfin le Solstice d'Hiver (21 décembre) correspond au signe du Capricorne. Chaque signe Cardinal (début de saison) est un signe lié à la notion d'expérimentation, d'expérience vécue. Les signes Fixes sont le TAUREAU, le LION, le SCORPION et le VERSEAU. Ces 4 signes coïncident précisément au milieu de la saison correspondante. C'est la phase de stabilisation après l'enclenchement de la Croix Cardinale. Le terme Fixe signifie ici Enracinement, Stabilité. La Croix Fixe est déterminante en ce sens qu'elle stabilise la roue zodiacale. Elle en est le centre. L'expérience qui fut enclenchée avec le signe cardinal doit s'enraciner, se stabiliser. C'est là le rôle des signes fixes.

Les signes Mutables sont les GÉMEAUX, la VIERGE, le SAGITTAIRE et les POISSONS. Ils succèdent aux signes fixes et clôturent chaque saison tout en préparant le nouvel enclenchement des signes Cardinaux. C'est la transition, la préparation au nouveau cycle. Les signes Mutables permettent la mutation vers une nouvelle saison. Chaque signe mutable (fin de saison) est un signe lié à la notion d'accomplissement. Ce que l'on a engrangé en tant qu'expérience vécue peut maintenant être amené plus loin, communiqué, transmis, et peut s'élever. C'est en quelque sorte *l'accomplissement de l'expérience.*

Ce rythme ternaire des trois Croix est imbriqué dans le rythme du Quaternaire, au rythme des Éléments et forme un cycle immuable dans le mouvement et le rythme incessants de la roue zodiacale.

Voyons à présent comment se répartissent les 12 signes du Zodiaque grâce aux 3 Croix, d'après leur qualité respective, et quelle est leur signification première :

CROIX CARDINALE : BÉLIER (1), CANCER (4), BALANCE (7) et CAPRICORNE (10) :

Agir, lutter pour forger, construire sa personnalité, le moi, pour que celui-ci soit stable et équilibré.

Mots-clefs : Agir, mûrir, grandir dans l'équilibre, se responsabiliser.

CROIX FIXE : TAUREAU (2), LION (5), SCORPION (8) et VERSEAU (11) :

Aimer et créer pour développer les richesses de l'Esprit, son individualité, le Soi !

Mots-clefs : Aimer, créer.

CROIX MUTABLE : GÉMEAUX (3), VIERGE (6), SAGITTAIRE (9) et POISSONS (12) :

Savoir et servir pour développer les richesses de l'esprit.

Mots-clefs : Savoir, communiquer, Servir, maîtriser l'intellect. Grandir en conscience.

Les TROIS CROIX
Cardinale (rouge) – Fixe (bleu) – Mutable (vert)

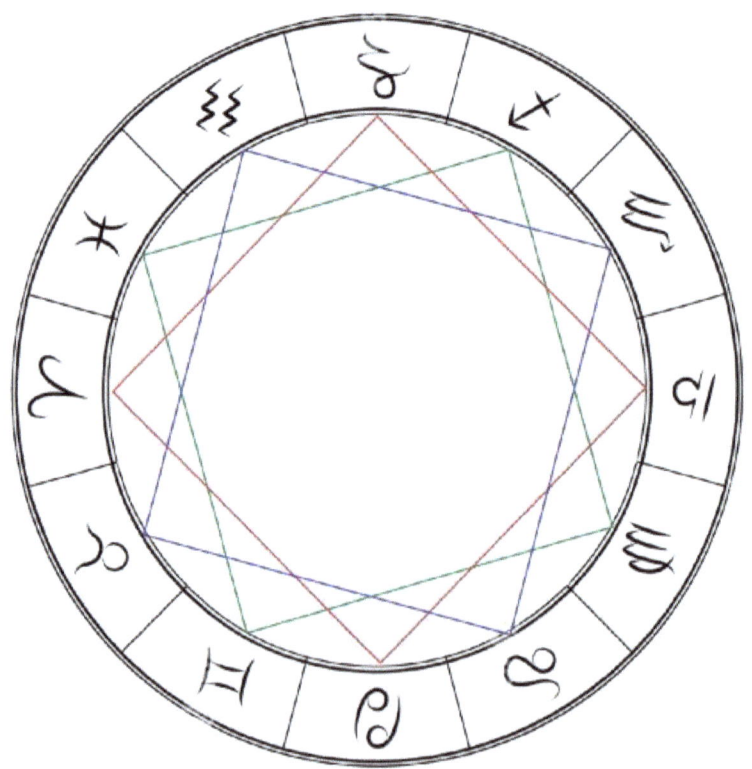

A propos de la symbolique des 10 astres de notre système solaire

Préambule :

Avant de parler de la symbolique des planètes liées au Zodiaque qui servent de référence à l'astrologie actuelle, il est essentiel de faire le point sur la polémique concernant la planète au-delà de Neptune, c'est-à-dire Pluton. En effet, l'U.A.I. (Union Astronomique Internationale) a récemment rétrogradé le statut de Pluton à celui de planète naine, puisqu'il ne répondait plus à *ses normes*. Les astronomes actuels ne veulent ainsi plus définir Pluton comme la dernière planète de notre système solaire, ayant découvert d'autres corps célestes au-delà de l'orbite de Pluton. C'est un fait établi qui ne date pas d'aujourd'hui ; la bataille stérile entre scientifiques astronomes et astrologues continue. Galilée pourtant, au XVIIème siècle, était astronome *et astrologue !* A l'heure actuelle, à cause d'une science devenue au fil des siècles exclusivement cartésienne, matérialiste, donc athée et surtout coupée des enseignements spirituels, l'astrologie est bien évidemment reléguée dans le domaine des croyances mystiques, jugée sans fondement et sans réalité … En effet, depuis la découverte récente d'autres corps célestes au-delà de l'orbite de Pluton, la communauté scientifique se targue de démontrer que l'Astrologie ne repose pas sur les bases objectives et scientifiques, puisque s'appuyant uniquement sur « l'influence » des 10 astres reconnus jusqu'à présent (du Soleil jusqu'à Pluton) …

Pourtant, les découvertes de la huitième et de la neuvième planète du système solaire, Neptune et de Pluton (respectivement en 1846 par Urbain Le Verrier et en 1930 par Clyde Tombaugh), symbolisent précisément la clôture du cycle qui nous concerne, habitants de la planète Terre. Que ces deux astronomes aient fait la découverte de Neptune et Pluton à la fin du XIXème siècle et au début du XXème siècle n'est pas un hasard. Cela correspond à une réalité spirituelle qui va bien au-delà de ce que nous sommes en mesure de percevoir. En effet *Neptune et Pluton* (nous y reviendrons dans les pages qui suivent) sont *les 2 derniers points d'appui, les 2 derniers relais les plus importants agissant au moment où survient la clôture du cycle de notre partie cosmique tout entière !*

Que d'autres corps célestes existent au-delà de la ceinture de Kuiper ne change rien au fait que Neptune et Pluton représentent les 2 derniers relais majeurs agissant à travers le signe des Poissons, comme nous le verrons plus tard, à l'heure où approche la fin du cycle des réincarnations de l'être humain sur la Terre.

Après ce préambule indispensable, venons-en à la symbolique des 10 astres qui composent notre système solaire. En effet, pour que les énergies issues du Zodiaque puissent parvenir jusqu'à nous, il est indispensable qu'il y ait des points d'appui, des relais acheminant vers chacun d'entre nous ce qui lui est nécessaire. Ces points d'appui, ces derniers relais sont les 2 luminaires et les 8 planètes de notre système solaire : le Soleil, la Lune, Mercure, Vénus, Mars, Jupiter, Saturne, Uranus, Neptune et Pluton. Ces 10 astres sont à considérer comme les points énergétiques en relation directe avec les 12 signes zodiacaux.

Voici la symbolique liée aux 10 astres utilisés en Astrologie ainsi que les signes qui leur sont liés, c'est-à-dire qui sont en affinité directe avec l'énergie zodiacale. Une planète en affinité avec son signe est dite *en domicile*. On dit également qu'*elle maîtrise* le signe.

☉ SOLEIL

Centre du Système Solaire, il représente notre être le plus profond : Le Soi ! Symbole de l'Esprit, de l'étincelle spirituelle en nous, le Soleil est notre Centre. Il est par conséquent le cœur du thème astral et se tient comme *au-dessus,* telle la Lumière la plus ardente. Le Soleil symbolise notre vouloir, notre volonté, mais notre volonté *spirituelle* et non intellectuelle (principe mercurien). Le Soleil rayonne et réchauffe tout le système solaire, de même que notre Soleil rayonne autour de nous. C'est pourquoi aussi il représente l'amour, celui qui sommeille au fond de nous, mais l'Amour avec un grand **A**, car il faut y voir ici avant tout les notions de « don de soi » et de « compassion ». C'est à l'opposé de la notion d'amour déformé, cet amour humain dévoyé qui ne désire que posséder, entraver, enchaîner et non élever, libérer ! L'Amour est un principe intimement lié au genre spirituel. Nous y reviendrons plus tard.

Le SOLEIL est un facteur lié au PRÉSENT et au FUTUR.

Le SOLEIL est en domicile dans le SIGNE du LION.

☽ LUNE

Satellite de notre planète Terre, la Lune représente ce qui « enveloppe » en quelque sorte notre esprit. Si le Soleil représente le Feu de notre esprit, de notre volonté, la Lune représente l'Eau de notre âme. La Lune est donc le symbole de notre ego, de notre Moi.

La Lune représente l'image de soi-même. C'est aussi le mode de réaction émotionnel, les schémas de comportement liés aux expériences antérieures. A un autre niveau, c'est aussi l'image de soi qu'une personne projette dans ses rapports avec le public. Il faut bien sûr voir en détail les aspects harmonieux ou dissonants venant à la Lune. La Lune représente également la vie végétative, l'enfance, le lien avec la mère, le besoin de sécurité. Sa position en signe et maison indique ce qui nous rend vulnérable.

Le cycle de la Lune autour du Zodiaque est de 27 jours 7 h et 43 minutes.

LA LUNE est symbole du Féminin et de l'image de la femme. La LUNE est un facteur essentiellement lié au PASSÉ.

La LUNE est en domicile dans le SIGNE du CANCER.

☿ MERCURE

Planète la plus proche du Soleil, Mercure est le symbole de l'intellect, de la pensée, de la parole, du raisonnement et du discernement, de l'apprentissage, mais aussi du mouvement et des voyages. Dans la mythologie, MERCURE – HERMÈS, était le plus jeune des dieux. C'était le Messager, représenté par un être agile aux sandales ailées.

Symbole de la jeunesse d'esprit, Mercure indique la faculté d'adaptation et de communication avec autrui. Mercure est *l'Outil premier de l'esprit*, permettant d'apprendre, de savoir, de communiquer, de grandir en conscience et d'enseigner…

Le cycle de Mercure autour du Zodiaque est de 88 jours.

MERCURE forme un couple avec JUPITER.

MERCURE est en domicile dans les SIGNES des GÉMEAUX et de la VIERGE.

♀ VÉNUS

Vénus est à la fois en domicile dans le Signe du Taureau ainsi que dans le Signe de la Balance. Elle prend donc une signification différente, suivant qu'il s'agisse de la *Vénus Taureau* ou de la *Vénus Balance.*

Vénus permet de se forger sa propre échelle des valeurs : « J'aime, je n'aime pas » ou encore « je prends, je ne prends pas ». Traditionnellement nommée « planète de l'amour », elle renseigne sur la façon d'aimer et d'exprimer ses sentiments.

Vénus est ainsi liée à la vie affective, à l'amour, la beauté, l'harmonie, aux Arts (Balance) mais aussi à la fécondité, à la sensorialité, la jouissance, la possession (Taureau).

VÉNUS forme un couple avec MARS. VÉNUS est également l'octave inférieure de NEPTUNE.

VÉNUS effectue le tour du Zodiaque en 225 jours.

♂ MARS

Symbole du Masculin, symbole de l'action, de la lutte, des désirs, Mars représente, dans la mythologie grecque, le Dieu Guerrier, Arès, celui qui combat.

Mars représente l'outil nous permettant d'agir dans la matière, d'aller sans cesse de l'avant et de combattre. Si le Soleil représente le vouloir spirituel, il lui faut une impulsion extérieure pour agir. C'est là le rôle de Mars. Cette planète est donc également liée à la notion de courage, de vaillance.

Planète de Feu, Mars est l'instrument permettant de mettre en action le vouloir de l'être. Il projette en quelque sorte ce vouloir plus loin. D'où la flèche inscrite sur le cercle du symbole de Mars. Cette flèche représente l'action qui se propulse plus loin, au-delà des limites, renversant les obstacles ; de même représente-t-il également le désir, le désir sexuel, où la flèche symbolise alors la pénétration.

Le cycle de Mars autour du Zodiaque est de 687 jours.

MARS est en domicile dans les Signes du BÉLIER et du SCORPION.

♃ JUPITER

Jupiter, planète la plus imposante du système solaire, met 12 ans et 9 mois à parcourir le cycle zodiacal.

Symbole d'expansion, Jupiter amplifie, élargit ce qui a trait à la communication, tant sur le plan matériel que spirituel. Jupiter représente nos convictions personnelles, notre éthique, notre sens de la justice ainsi que notre philosophie de la vie.

C'est notre conscience qui s'élargit, qui grandit avec Jupiter. Ce sont tous nos acquis animiques, intellectuels et spirituels, qui font partie intégrante de nous-mêmes.

Sur le plan relationnel, c'est la force qui nous pousse à aller vers autrui avec générosité, à donner ce que l'on a au fond de soi, à l'amener plus loin. En effet Jupiter est la planète de l'enseignement, de celui qui est capable d'enseigner ce que lui-même a engrangé, appris, grâce à Mercure, planète complémentaire et indissociable de Jupiter.

C'est pourquoi aussi Jupiter est toujours relié aux symboles de la Sagesse, de la Philosophie, de la Spiritualité et aussi de la Religion.

JUPITER est en domicile dans le Signe du SAGITTAIRE.

♄ SATURNE

SATURNE : CHRONOS … Dans la mythologie, c'est le dieu qui régit *le temps.*

Le temps : il faut y relier ici la notion de responsabilité, de maturité, car ce n'est qu'avec le temps que s'acquiert la maturité, la structure, et que peut venir l'âge adulte.

Saturne symbolise effectivement l'intériorisation, la restriction, les freins qui nous obligent à réfléchir et à mûrir dans l'expérience. C'est la planète de la rigueur, de l'austérité, de la solitude, du renoncement, de la profondeur, de la responsabilité, de la structure mais aussi de *la pureté !*

Injustement nommé dans l'astrologie traditionnelle *le Grand Maléfique*, Saturne est en réalité la planète qui permet d'atteindre la maturité émotionnelle, mentale et physique indispensable à l'épanouissement de l'esprit incarné dans la matière. Nous ne ressentons et voyons trop souvent à travers ce que nous amène Saturne que les épreuves, les retards, les souffrances, ce qui limite et contraint, alors qu'il faut y voir avant tout la possibilité de franchir des étapes, des paliers menant plus haut. Saturne permet donc de se construire une personnalité mûre, adulte et responsable !

La symbolique de Saturne est par conséquent intimement liée à la notion de « Pureté » ! *En sanskrit, le mot « sat » signifie « être essentiel » :* c'est le fondement, « l'essence » pure et spirituelle de la vie. Sans Saturne, pas de forme, pas de structure, pas de maturité, pas d'accomplissement ! En réalité, beaucoup refusent Saturne, parce qu'ils ne veulent pas devenir adultes ! L'humanité actuelle étant en grande majorité immature, l'on comprend que ce que représente Saturne fasse peur au plus grand nombre.

Le cycle de Saturne met 29 ans et 5 mois à parcourir le Zodiaque.

SATURNE est en domicile dans le Signe du CAPRICORNE, ainsi que dans le Signe du VERSEAU (avec URANUS).

Nous reviendrons sur la symbolique de Saturne et des autres planètes, et en particulier sur la notion de cycle. Le cycle de Saturne (29 ans) étant déterminant dans le cycle de maturité de l'être incarné sur terre. Il faut également avoir sans cesse à l'esprit que Saturne est inséparable de la Lune, car c'est ce couple planétaire qui permet à la personnalité de se façonner, de se construire, tant sur le plan animique, psychique, que sur le plan physique.

Comme la Lune, Saturne est relié au passé de l'individu.

Avec Saturne se clôt le groupe des 7 planètes appelées Septénaire. Au-delà se situent les 3 planètes dites Trans Saturniennes (Uranus, Neptune et Pluton).

Les planètes Trans Saturniennes revêtent une importance particulière depuis leur découverte relativement récente. Rappelons l'année de leur découverte ainsi que les astronomes qui en sont à l'origine.

URANUS fut découvert en 1781 par W. Herschel.

NEPTUNE fut découvert en 1846 par le Français U. Le Verrier, l'Anglais J.-C. Adams ainsi que par J.-G. Galle, qui l'observa le 23 septembre 1846.

PLUTON, quant à lui, nous en avons parlé précédemment, se situe aux confins de notre système solaire et en marque la limite. Elle fut découverte en 1930 par C.-W. Tombaugh.

♅ URANUS

Le cycle d'Uranus est de 84 ans (*3 fois celui de Saturne*). Ouranos signifie le Ciel. Considéré à juste titre comme l'octave supérieure de Mercure, Uranus symbolise l'énergie créatrice à l'état pur. Uranus : c'est ce que l'esprit peut libérer de plus original, de plus créatif et de plus spirituel.

Si Saturne marque la limite (la limite de ce que peut acquérir un être incarné sur terre, un individu construit et ayant atteint une maturité spirituelle suffisante). Uranus marque le dépassement de cette limite. La limite peut alors éclater, et l'être peut s'élever plus haut, dans le mouvement spiralique. Mais seulement *après* avoir intégré Saturne, donc après s'être structuré, conformément aux lois de la création.

Après avoir grandi et mûri dans son corps, à travers les expériences qui l'ont rendu spirituellement adulte, l'esprit doit s'élever au-delà des contingences de la matière et laisser s'exprimer ce qu'il y a de plus original, de plus « génial » en lui. C'est en tous cas ce que devrait permettre Uranus. Malheureusement, au regard de l'affligeante immaturité spirituelle de l'humanité, l'énergie uranienne est davantage représentative du refus des limites, donc de marginalisation, de rébellion, de révolution, de déstructuration et de destruction par la violence. Ce qui devrait être ouverture de conscience n'est plus que révolte intellectuelle, refus de l'ordre établi, de toute forme d'autorité et plus encore refus de toute spiritualité. Au lieu d'être le Symbole de la liberté

(*Ouranos* = *le ciel*) (la véritable liberté qu'a acquis un être authentiquement mûr, structuré et responsable), Uranus est le plus souvent représentatif de l'illusion de la liberté, avec tout ce que cela comporte de fausses conceptions idéologiques. Le communisme fut un exemple marquant d'une idéologie où la notion de liberté est déviée et tirée vers le bas.

URANUS (tout comme Neptune et Pluton), est à considérer comme un facteur collectif, avant que d'être un facteur individuel. Les 3 trans saturniennes sont par conséquent directement liées à ce que l'on nomme, en psychologie jungienne, « *l'inconscient collectif* » ! Nous rentrons en réalité ici dans le domaine du karma collectif, bien que chacun possède évidemment son propre karma, et donc son propre Uranus, de même que son propre Neptune et Pluton. Là encore, beaucoup reste à dire sur ce sujet.

URANUS est en domicile dans le Signe du VERSEAU.

♆ NEPTUNE

Cette planète met 165 ans à effectuer le tour du Zodiaque. Au vu de la lenteur de sa révolution, sa position en signes marque des générations plus que l'individu lui-même. Symbole de l'idéal le plus élevé, de la quête spirituelle de tout individu, Neptune manifeste la communion, la symbiose, la fusion dans l'amour le plus universel. C'est pourquoi on relie aussi Neptune à l'intuition, ce don fulgurant de l'esprit qui perçoit et sait bien avant de réfléchir, bien avant de formuler une pensée.

Planète d'Eau comme la Lune, Neptune est comme l'aboutissement le plus spirituel de ce que contient la Lune. Dans sa déformation, c'est le principe du faux amour, de la déformation du principe de l'Amour Christique. L'élévation se transforme alors en dissolution, en chaos. Le bouddhisme est certainement la religion qui a le plus déformé l'énergie neptunienne, en croyant au Nirvana, conception qui prétend que l'être humain peut atteindre la félicité dans la dissolution de son esprit, c'est-à-dire dans la cessation de toute existence … alors que celui-ci doit parvenir à *l'auto-conscience,* c'est-à-dire à la conscience pleine lorsque l'esprit peut enfin s'élever hors du cycle des réincarnations et rejoindre le Paradis !

Il faut bien comprendre que plus le symbole est élevé, plus l'individu doit s'élever afin de pouvoir intégrer l'énergie d'une planète. Avec Neptune, nous sommes au sommet ! C'est pourquoi celui qui n'a pas intégré ce que représente le Septénaire de base ne peut que se fourvoyer. C'est alors l'illusion, la fuite du réel par l'alcool, les drogues, par tout ce qui peut maintenir l'être dans un monde chimérique, un monde inexistant, irréel. Parmi toutes les planètes du système solaire, Neptune, l'énergie neptunienne, représente l'exigence la plus grande pour l'esprit humain. Exigence d'avoir intégré et maîtrisé toutes les énergies du Zodiaque. Autant dire qu'aujourd'hui, Neptune, l'essence de son énergie, reste inaccessible à la grande majorité des êtres humains de la terre. L'idéal, même s'il existe, est détourné dans des voies toutes plus fausses les unes que les autres : que ce soient les voies de la politique, la voie des religions mais aussi des pseudo spiritualités « *new âge* » ! …

Seul l'individu qui aspire encore à la Lumière et à la Vérité, au-delà de tout carcan, au-delà de tout dogme, peut encore élever son aspiration, l'aspiration de la flamme de son esprit, au-dessus de toute la confusion qui règne actuellement dans le monde.

NEPTUNE est en domicile dans le Signe des POISSONS, clôture et aboutissement du cycle zodiacal, du cycle d'évolution.

♇ PLUTON

PLUTON : Ploutos pour les Grecs, Hadès pour les Romains. Il existe une profonde signification dans l'apparente contradiction existante entre la signification de Ploutos, Dieu des Richesses (le Riche) pour les Grecs, et Hadès, Dieu des enfers et de la mort, pour les Latins, pour les Romains. En effet, celui qui parvient à affronter la mort et à franchir le seuil, débarrassé de son ego, de tout ce qui le relie à la matière, pour renaître à nouveau, devient effectivement riche, spirituellement riche, en ce sens que l'esprit a grandi et peut s'élancer librement vers d'autres dimensions, toujours plus lumineuses.

Le glyphe le plus représentatif de Pluton est celui-ci : ♇ Le symbole de Pluton est en effet divisé en trois éléments : la croix, en-dessous, qui représente les forces matérielles et terrestres ; le demi-cercle, qui représente les forces de la réceptivité, l'âme ... et le cercle, l'esprit, au-dessus. Que l'esprit (le cercle) surplombe la croix et le croissant lunaire, indique que l'esprit est libéré, qu'il quitte la matière et qu'il peut s'envoler vers d'autres cieux. Le symbole ♇ souvent utilisé fait référence au codécouvreur de cette planète, Percival Lowell, où l'on voit le **P** de Percival sur le **L** de Lowell.

Les Grecs considéraient Pluton comme l'antithèse de Dieu, le Dieu solaire Apollon, donc comme l'ennemi irréductible à toute vie nouvelle. En réalité, il faut interpréter cette opposition entre ces 2 astres que sont le Soleil et Pluton comme un symbole très profond : la Lumière et l'anti-Lumière ! le blanc et le noir ! Le noir retient la lumière et l'absorbe, la concentre et la retient en son cœur. Là se situe toute la puissance de l'astre plutonien. Sa taille très petite, environ 2.300 km de diamètre, alliée au fait que celui-ci se situe aux confins de notre système solaire (6 milliards de km), en fait le « point de concentration » le plus puissant. *Pluton représente par conséquent le pouvoir de concentration des énergies de tout le système solaire.*

De même, si Pluton régit effectivement « le karma de masse », il régit bien évidemment et avant tout le « karma individuel », et cela d'une manière beaucoup plus subtile, bien plus profonde que ne le font par exemple Mars ou Saturne. De plus, sa révolution autour du Soleil (l'année de Pluton) équivaut environ à 250 années. Pluton est la planète des grandes métamorphoses, tant sur le plan mondial qu'individuel. Cet astre incarne les pulsions profondes qui sommeillent au sein de l'être humain, pulsions qui peuvent se déchaîner lorsque l'heure en est venue. Il suffit d'observer la montée de la violence à l'heure actuelle dans nos sociétés, que ce soient des adultes ou même des enfants/adolescents, tout semble irrémédiablement remonter à la surface et s'ancrer dans la matière de ce que l'âme de chaque être recèle au plus profond d'elle.

Retenons ceci : Pluton symbolise nos pulsions instinctives non encore sublimées remontant jusqu'aux premières incarnations sur terre. *« Pluton est le symbole astrologique de l'âme et de son évolution » (Jeff Green)* ... Pluton est en domicile dans le Signe du Scorpion ainsi que dans le signe des Poissons, aux côtés de Neptune ! En cette ère finissante des Poissons, le rôle de Pluton ne pouvait être révélé que par le signe des Poissons, douzième et dernier signe du Zodiaque, symbole de tous les accomplissements, dernier « laboratoire de la roue de la Vie ». Si Neptune représente notre Oméga, Pluton symbolise notre Alpha. Neptune est symbole de Lumière, Pluton est celui de la matière.

Rappelons à ce propos que Pluton a cette particularité astronomique unique dans le système solaire, qui est d'entrer à certaines périodes à l'intérieur de l'orbite de Neptune. La dernière période connue de cette interférence orbitale a eu lieu de 1979 à 2000. Ce qui fait un passage de 21 ans où Neptune se trouve être la planète la plus éloignée de nous. Ce symbole est puissant et montre l'interaction permanente et déterminante existant entre ces deux planètes. Cette période où Neptune se situe aux confins du système solaire correspondait à une opportunité d'élargissement de notre conscience... L'avons-nous saisie ?

La symbolique liée aux luminaires et aux planètes étant posée, il est temps de fixer définitivement le tableau des affinités entre les astres et les signes zodiacaux. Nous avons vu qu'une planète en affinité avec un signe, c'est-à-dire qui partage la même énergie, est dite « en domicile » ou « en dignité ». Nous parlerons surtout de « maîtrise ». De même existe-t-il ce que l'on appelle des planètes « exaltées ». Dans ce cas, la planète, positionnée dans un signe où elle est dite exaltée, est comme en suractivité. La notion d'exaltation est donc à considérer comme la notion de domicile, mais une planète exaltée est comme boostée, activée, stimulée par rapport à une planète en domicile.

Par opposition au domicile, une planète peut être en « débilité ». Lorsqu'une planète est en « exil », c'est que celle-ci se trouve dans le signe opposé à celui où elle est en domicile. Une planète en « exil » n'est donc pas du tout dans son affinité énergétique. « Elle s'y sent mal ! » pourrions-nous dire. Et par opposition à l'exaltation, il existe ce que l'on nomme la « chute ». Une planète dite en « chute » se trouve dans le signe opposé à celui où elle se situe en exaltation. Une planète en « chute » n'est donc pas du tout, et encore moins qu'en exil, dans son affinité énergétique.

TABLEAU DES AFFINITÉS
(*points de concentration*) Signes/Astres

SIGNES ZODIACAUX	DOMICILE DIGNITÉ MAÎTRISE	EXALTATION	EXIL	CHUTE
1 - BÉLIER	♂	☉ ♆	♀	♄
2 - TAUREAU	♀	☽	♂	
3 - GÉMEAUX	☿		♃	
4 - CANCER	☽	♃	♄	♂
5 - LION	☉	♆	♄ ♅	
6 - VIERGE	☿	☿	♃ ♆	♀
7 - BALANCE	♀	♄	♂	☉
8 - SCORPION	♂ ♆	♅	♀	☽
9 - SAGITTAIRE	♃	♆	♀	
10 - CAPRICORNE	♄	♂	☽	♃
11 - VERSEAU	♄ ♅		☉	
12 - POISSONS	♃ ♆ ♇	♀	☿	

Chaque planète est un point d'appui, un point de concentration lié à une énergie zodiacale. Les planètes sont les ultimes relais entre la ceinture zodiacale et nous, êtres humains. Tout comme chaque signe zodiacal, chaque planète vibre dans une couleur particulière et permet d'acheminer ce qui nous est nécessaire en provenance du Zodiaque et du rythme que celui-ci imprime aux rayonnements.

La Domification
Le système des 12 Maisons
ou 12 Demeures Astrologiques

Deux mouvements s'encastrent et forment deux cercles qui permettent d'ériger un thème astral : *le Zodiaque et la Domification.*

1) Le mouvement du Soleil, de la Lune et de toutes les planètes du système solaire, correspondant au mouvement annuel apparent du Soleil autour du Zodiaque : le cercle zodiacal.

2) Le mouvement de rotation journalière (les 24 heures) autour de son axe polaire : le cercle des maisons.

Le cercle zodiacal représente le champ de force positif d'où découlent toutes les énergies qui opèrent dans « l'aura » terrestre, tandis que le cercle des maisons représente le domaine terrestre réceptif et sensible.

La « destinée de l'homme » est inscrite dans le Zodiaque tropique qui se réfère à la nature énergétique, spirituelle de l'homme. Les « circonstances » concrètes et l'expérimentation concrète selon lesquelles cette destinée s'extériorise au cours d'une vie terrestre sont indiquées par les maisons. C'est ce que l'on appelle la « *domification* », du latin « *domus* » = *maison.*

Tout thème astral de naissance contient une ligne appelée « horizon » et une verticale, le « méridien ». L'horizon astrologique (et astronomique) est un cercle passant par le centre du globe terrestre. Quant au méridien d'un thème natal, c'est une projection à 2 dimensions d'un grand cercle perpendiculaire à l'horizon astronomique, passant par les points nord et sud. Au midi local exact, le vrai soleil passe sur le méridien. C'est ce que l'on appelle le Milieu du Ciel, *le Zénith,* non pas le point au-dessus de la tête, mais exactement le degré zodiacal sur lequel se situe le vrai Soleil à midi.

Précisons cependant encore comment se structure la sphère locale, la terre, par rapport à la sphère céleste :

Perpendiculaire au cercle de longitude du méridien, et encore à la verticale, se situe un 3ème grand cercle appelé « la verticale ». Ces 3 grands cercles (horizon méridien verticale) sont perpendiculaires entre eux dans l'espace à 3 dimensions. Six points fondamentaux sont formés par leurs intersections : Est ou Ouest, Nord et Sud, et à la verticale, le Zénith et le Nadir.

Nous retrouvons ici le concept fondamental des 6 directions dans l'espace : *est, ouest, nord, sud, dessus et dessous.*

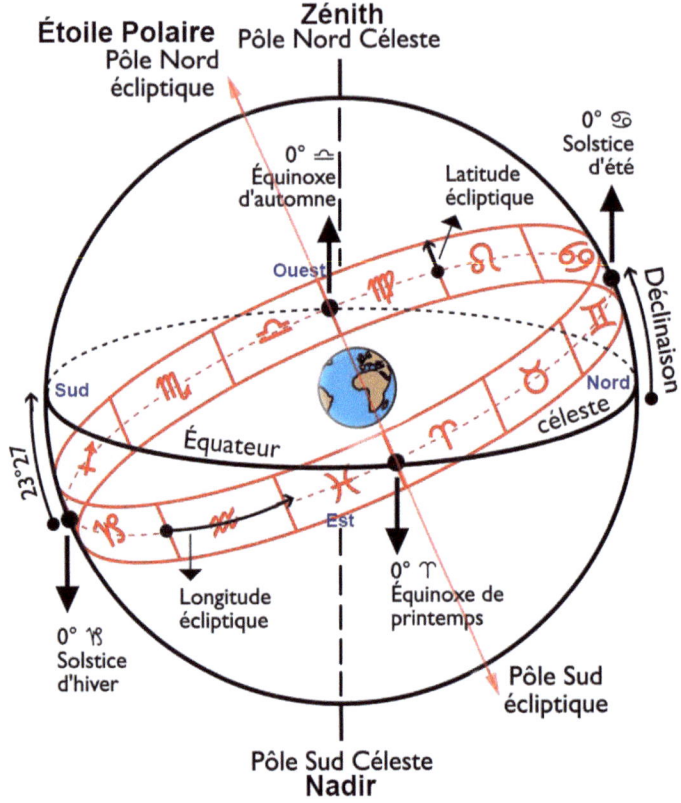

Dans le thème natal, nous n'utilisons que 2 dimensions, donc 4 directions fondamentales : Les 12 maisons sont comme des projections, des images bi-dimensionnelles de l'espace à 3 dimensions dont nous sommes précisément le centre. Les 6 directions de base de l'espace tri-dimensionnel sont ainsi réduites à 4, c'est-à-dire la croix formée par la verticale et l'horizontale. Nous avons donc à notre disposition 4 secteurs d'espace : de l'Ascendant au Nadir : le 1er Quadrant ; du Nadir au Descendant : le 2ème Quadrant ; du Descendant au Zénith : le 3ème Quadrant et enfin du Zénith à l'Ascendant : le 4ème Quadrant.

L'Astrologie est un langage essentiellement symbolique, mais bien réel : la compréhension des maisons et de leur relation au « ciel » de naissance est donc essentielle. Prenons un exemple : Saturne, qu'il se situe dans n'importe quel signe zodiacal, reste toujours Saturne ! Ce qu'il est indispensable de connaître, c'est *dans quel champ d'expérience* Saturne va opérer plus précisément : donc à travers quelle maison : la I, la II, la V, la XI, etc. …

Deux grands axes sous-tendent la dynamique des maisons astrologiques : le premier axe, horizontal, relie l'Ascendant (maison I) au Descendant (maison VII). Le second axe, vertical, relie le Fond du Ciel (maison IV) au Milieu du Ciel (maison X). Le plan de l'horizon (axe Ascendant/ Descendant) est une ligne qui sépare le ciel et la terre. Une partie de l'espace céleste est alors visible, tandis que l'autre partie ne l'est pas.

Il existe deux hémisphères dans un thème natal :

- *Un hémisphère correspondant au visible, se situant au-dessus de l'horizon.*
- *Un hémisphère correspondant à l'invisible, se situant au-dessous de l'horizon.*

Dans chaque hémisphère sont inclus 2 quadrants. L'occupation planétaire de ces 2 hémisphères permet de faire une première distinction d'importance au niveau psychologique d'un individu. L'hémisphère supérieur (au-dessus de l'horizon : *le jour*) indique une tendance à exprimer des valeurs objectives et extraverties. Ici se situe ce que l'on cherche à vivre au grand jour, à montrer, à partager, tandis que l'hémisphère inférieur (sous l'horizon : *la nuit*) indique une tendance à exprimer des valeurs de manière plus subjective, introvertie.

Nous pouvons déjà déterminer grâce à l'occupation des hémisphères la première dominante psychologique d'un individu : l'extraversion ou l'introversion. Bien sûr, nombre de thème astraux sont équilibrés au niveau de l'occupation des 2 hémisphères, les planètes étant réparties de manière égale entre ces deux espaces. Dans ce cas, la personne est dans l'équilibre des 2 fonctions : introversion et extraversion.

Il est à noter que l'ordre des maisons se déroule dans le sens contraire à celui des aiguilles d'une montre. Le point Est de l'horizon se situe par conséquent à gauche du thème, tandis que le point Ouest de l'horizon de situe à droite du thème.

Nous lisons donc le thème astral « *à l'envers* » comme si son image était projetée dans un miroir.

Cette Croix formée par l'Axe Ascendant/Descendant et l'Axe Milieu du Ciel/Fond du Ciel est bien entendu primordiale. Car c'est cette croix qui sous-tend la roue des 12 maisons, elle-même imbriquée dans la roue des 12 signes zodiacaux.

Voici un schéma imagé de cette Croix :

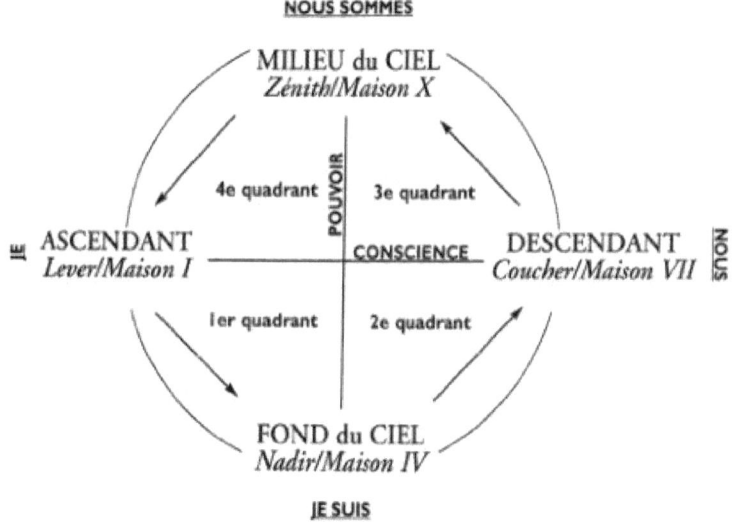

Le Fond du Ciel est comparable au fondement de l'être, ce sur quoi il repose et va pouvoir croître et mûrir. Le Fond du Ciel représente la stabilité de l'être, sa stabilité, c'est « sa terre », son socle, ses racines ! Tout repose sur le Fond du Ciel. D'où l'importance du signe qui se situe en maison IV, sur le Fond du Ciel.

83

Le Milieu du Ciel est le Zénith. Celui-ci représente l'expression culminante de la personnalité. Là s'inscrit en quelque sorte le but, la destinée « sociale », le rôle que l'individu a à jouer dans la société. On relie fréquemment le métier à la maison X, mais cela est restrictif dans la mesure où le but de l'être ne peut se résumer à la seule notion de « profession ». Bien souvent, il y a séparation entre le but que l'esprit doit (ou devrait) suivre dans la matière, et la profession qui, bien qu'importante, n'en reste pas moins un facteur mouvant et extérieur aux capacités profondes de l'individu.

L'Axe horizontal Ascendant/Descendant est représentatif de notre identité, de ce que nous sommes, de la conscience que nous avons de nous-même, et cela en agissant (symbolique du signe du Bélier). Mais la prise de conscience de nous-mêmes, l'acquisition de notre véritable identité ne peut se faire que dans la relation avec l'autre (la maison VII, le Descendant). Sans la fonction de miroir (de ce que « l'autre » nous renvoie de nous-mêmes), la conscience de soi ne peut se former entièrement. Avec le Descendant, la question est : « Comment rencontrons-nous le monde ? Comment acceptons-nous l'autre en particulier, que ce soit un partenaire ou un compagnon ? »

Les maisons se divisent également en 3 groupes : les maisons angulaires, les maisons succédentes et les maisons cadentes.

Les maisons angulaires sont : la I, IV, VII et X.
Les maisons succédentes sont : la II, V, VIII et XI.
Les maisons cadentes sont : la III, VI, IX et XII.

Voyons à présent la symbolique liée aux 3 groupes de maisons :

Maisons Angulaires :
ÊTRE
On rejoint ici les notions liées à la Croix CARDINALE

Maisons Succédentes :
UTILISER
On rejoint ici les notions liées à la Croix FIXE

Maisons Cadentes :
COMPRENDRE et TRANSFORMER
On rejoint ici les notions liées à la Croix MUTABLE

Les 12 maisons sont donc les homologies exactes des 12 signes du Zodiaque. La maison I correspond au Bélier, la II au Taureau, la III aux Gémeaux, la IV au Cancer, la V au Lion, la VI à la Vierge, la VII à la Balance, la VIII au Scorpion, la IX au Sagittaire, la X au Capricorne, la XI au Verseau et enfin la XII aux Poissons.

Il est important de commencer à raisonner en termes numérologiques. Chaque nombre est un symbole lié à une notion que l'on retrouve à tous les étages d'un thème astral de naissance. Ainsi, si nous parlons de concept « I », il faut immédiatement y relier le signe du Bélier, la maison I, ainsi que la planète Mars (maître du Bélier). De même, si nous parlons du concept VIII, il faut automatiquement y relier le signe du Scorpion, la maison VIII, ainsi que les planètes Mars et Pluton (maîtres du Scorpion), et même Uranus (en exaltation en Scorpion). Cette loi des analogies nous permettra d'aller rapidement au cœur des causes, en suivant le fil inscrit au cœur de chaque carte du ciel. Nous y reviendrons sans cesse en progressant dans notre analyse des thèmes données plus loin en exemple.

Analogiquement aux Signes qui appartiennent chacun à un Élément donné, chaque maison est également liée à un Élément. Ainsi, les maisons I, V et IX sont des maisons dites de Feu. Les maisons II, VI et X sont des maisons de Terre. Les maisons III, VII et XI sont des maisons d'Air. Et les maisons IV, VIII et XII sont des maisons appartenant à l'Élément Eau.

Voici à présent les notions fondamentales reliées aux 12 maisons :

MAISON I (ASCENDANT) (Analogie du signe du BÉLIER) :

• La maison I décrit l'individualité, l'identité personnelle. C'est ici la marque de la personnalité, autant sur le plan psychologique que sur le plan physique. On retrouve avec l'Ascendant « une façon d'être », ce qui est visible chez l'observateur. Comme le dit à juste titre l'astrologue Dane

Rudhyar : « *L'Ascendant est vraiment le facteur le plus insaisissable et le plus difficile à connaître dans un thème natal* » … **« Qui suis-je ?** » Car nous entrons ici dans le domaine le plus individuel, le plus personnel et donc aussi le plus secret de l'être. **Mot-Clef : ÊTRE.**

MAISON II (Analogie du signe du TAUREAU) :

• Cette maison de Terre symbolise les acquis, les liens, la relation à l'argent. Comment ici gère-t-on ce que l'on a acquis, ce que l'on possède ? Comment utilise-t-on les biens qui nous sont confiés ? En effet, nous devons utiliser ce que l'on a acquis, ce qui nous est confié, d'une manière juste, afin de comprendre qui l'on est, et cela par rapport aux autres. La notion de possession ne devrait jamais être dissociée de celle d'utilisation. Rien ne devrait jamais stagner à un niveau personnel, de manière égocentrique. Tout propriété devrait servir dans un but promoteur et évolutif au sein de notre société. Seul le but pour lequel nous utilisons nos possessions peut avoir de la valeur, amenant par là-même un sens spirituel à la notion de propriété. Il s'agit en fait de maintenir l'équilibre entre le *Donner et le Recevoir !*

Mots-clefs : AVOIR – UTILISER.

MAISON III (Analogie du signe des GÉMEAUX) :

• Avec cette maison d'Air, nous abordons les valeurs intellectuelles et la faculté de communication, la relation à l'autre. Cette maison marque notre faculté d'adaptation, de mobilité, ainsi que nos capacités mentales à apprendre et à nous exprimer. La maison III se rapporte d'une part à la nature de l'environnement immédiat et des personnes s'y trouvant (la maison III est traditionnellement reliée à notre relation avec nos frères et sœurs). Et d'autre part, cette sphère d'expérience est liée au développement de l'intelligence et de nos capacités à apprendre et à nous exprimer.

En maison III, nous apprenons, nous étudions, nous engrangeons le savoir, les connaissances qui vont nous servir à nous lier aux autres, à communiquer avec eux. Notre pensée s'élabore en IIIème maison. Et c'est sur cette base que nous pourrons devenir conscients de notre individualité ainsi que de ceux qui nous entourent.

Mots-clefs : S'INFORMER – S'INSTRUIRE – S'ADAPTER.

Maison IV (Fond du Ciel) (Analogie du signe du CANCER) :

• Maison d'Eau et Angulaire, la maison IV (le Fond du Ciel) symbolise le foyer, la maison, le milieu familial (celui dont on a hérité – la généalogie) ainsi que la famille que l'on fonde soi-même à l'âge adulte. Mais la maison IV est surtout représentative des bases émotionnelles : bases que l'on a précisément acquises lors de l'enfance, au sein de la famille, mais aussi (et surtout) lors des précédentes incarnations, notamment la dernière. Le Fond du Ciel est bien le centre de l'être, en ce sens que l'esprit doit rester au centre de la personnalité.

C'est pour cette raison que la maison IV représente la stabilité, l'enracinement de l'être. Si l'être est « décentré » de lui-même, de son esprit, il ne peut pas créer, il ne peut se relier correctement à l'autre et il ne peut pas mûrir et s'épanouir. La maison IV est le fondement animique de chaque individu. Si l'enracinement est absent, l'être est déstabilisé et risque d'être emporté lorsqu'il arrive un vent trop puissant.

Mots-clefs : MAINTENIR – S'ENRACINER.

MAISON V (Analogie du signe du LION) :

• Maison Solaire par excellence, la maison V est une maison de Feu, succédant en cela à la maison I, l'Ascendant. Ce qui s'est stabilisé, construit en maison IV se transforme en énergie, en potentiel, en pouvoir créatif ! Ici peut venir le moment de l'extériorisation des dons et de la puissance créatrice ; c'est également le domaine de l'énergie affective, physique et sexuelle. C'est la sphère de la vitalité, le Soleil, Régent de la maison IV, étant feu nourricier, le feu qui dispense et permet la vie.

A noter aussi que la maison V est traditionnellement reliée aux enfants. Issus de l'amour des parents, les enfants sont considérés comme une « création », une potentialité née

« hors de ». **Mots-clefs : EXPRIMER – CRÉER – AIMER.**

MAISON VI (Analogie du signe de la VIERGE) :

• Succédant à la maison V, la maison où l'ego, la personnalité est au premier plan dans son expression, la maison VI nous amène à l'expérience du SERVICE. Ici vient la contrainte qui oblige à une transformation. Ici, l'ego doit en quelque sorte être raboté, se purifier (symbolique du signe de la Vierge).

Traditionnellement reliée au domaine du travail, de la vie quotidienne et de tout ce qui ramène l'être à la réalité concrète de la vie sur terre, en maison VI, nous sommes ici en période de réadaptation personnelle. En effet, il faut, pour que l'expérience créatrice de la maison V ne se transforme pas en autosatisfaction ou en orgueil, acquérir un certain discernement, un certain recul face à soi-même et à ses œuvres. Il est temps de faire son auto-critique et par conséquent de développer l'humilité. C'est le moment de purifier l'ego, le moi, afin que celui-ci ne prenne pas toute la place et empêche l'être d'évoluer correctement. C'est ici l'apprentissage de l'humilité. La maison VI est parallèlement reliée au domaine de la santé, en ce sens que la maladie et la souffrance sont souvent les leviers « incontournables » qui peuvent permettre à l'être de se transformer, plus ou moins douloureusement, et cela suivant la résistance que l'être oppose au mouvement de la loi qui l'enserre.

Mots-clefs : TRANSFORMER – PURIFIER – SERVIR.

MAISON VII (Analogie du signe de la BALANCE) :

• La maison VII représentant le Descendant, nous passons dans l'hémisphère supérieur du cercle des maisons, nous entrons dans le domaine du « collectif ». Cette sphère représente « l'autre », le partenaire, le conjoint, l'associé. Par opposition à l'Ascendant, c'est-à-dire l'individualité, le Descendant représente l'Autre, celui ou celle qui se trouve en face de nous-même. C'est le symbole des deux plateaux de la Balance : les 2 partenaires qui doivent trouver l'équilibre dans une relation juste et équitable. On retrouve ici la dualité du moi et du non-moi avec les prises de conscience que cela implique.

Traditionnellement reliée à la sphère du mariage, la maison VII est le domaine de la relation étroite, intime, souvent conjugale, là où l'on doit se relier à l'autre dans un juste équilibre, c'est-à-dire dans un échange constant de « donner et recevoir ».

Mots-clefs : PARTICIPER – COOPÉRER – ÉQUILIBRER.

MAISON VIII (Analogie du signe du SCORPION (AIGLE) :

• Succédant au Descendant, la maison VIII est symbole de partage. Si la maison VII, maison d'Air, est liée à la relation, à l'union qui prend forme, qui s'équilibre, la maison VIII va plus loin en ce sens qu'il est temps d'apprendre à partager. Ce sont les possessions de la relation qui doivent servir dans un cadre plus global, plus collectif. Ici, l'exigence est de transformer la relation en échange plus profond. Après l'expérience aérienne de la maison VII (homologie de la Balance), vient le temps de l'expérience animique et sexuelle (Mars) de la maison VIII, maison d'Eau (homologie du signe du Scorpion).

La maison VIII est ainsi avant tout transformation. C'est l'exigence plutonienne (Pluton étant le Régent de la maison VIII et maître du signe du Scorpion) qui vient à l'être. C'est la re-naissance de l'ego (maison I) qui doit apprendre à partager tout ce qu'il possède (à l'intérieur comme à l'extérieur) avec l'associé, le partenaire. Le 8 représente le chiffre de la transformation la plus profonde !

Traditionnellement interprété comme l'expérience du renouvellement, de la régénération ou encore de la mort, il faut surtout y voir une exigence de re-naissance, de régénération. On doit en maison VIII modifier l'utilisation que l'on fait de nos pouvoirs personnels, dans le but de remplir une fonction distincte au sein de la société.

Mots-Clefs : PARTAGER – TRANSFORMER – RENAÎTRE.

MAISON IX (Analogie du signe du SAGITTAIRE) :

• Les expériences de la maison IX sont liées à notre quête de connaissances concernant la signification des choses. On doit comprendre ici le pourquoi et le sens de ce qui a été vécu auparavant (en maison VII et en maison VIII). Le cadre des références de la maison IX n'est plus égotique, mais concerne nos idéaux, nos convictions personnelles sur le sens de la vie : Philosophie, Religion, Science, Psychologie. En maison IX, l'être cherche les réponses les plus fondamentales sur le sens de son existence.

En opposition et complémentaire à la maison III, ces deux maisons symbolisent les deux polarités des conceptions humaines : le concret et l'abstrait, la pensée rationnelle et la foi, le symbole !

En maison III, nous sommes dans le domaine de la connaissance, alors qu'en maison IX, nous sommes dans le domaine de la compréhension. La compréhension vient par l'expérience, par les expériences vécues jusqu'en maison VIII. Chaque maison étant comme une marche à franchir afin de pouvoir évoluer vers une conscience toujours plus haute, plus élevée.

Mots-Clefs : COMPRÉHENSION – FOI – CONVICTION.

MAISON X (Analogie du signe du CAPRICORNE) :

• Faisant face à la maison IV, au Fond du Ciel, la maison X, maison de Terre et Cardinale, se situe au Zénith du thème astral, c'est-à-dire au sommet ! En maison X se situe l'achèvement de ce qui n'était encore que potentialités en maison I. Traditionnellement reliée à la sphère professionnelle, dans la maison X s'inscrit le « but » de l'individu incarné sur terre, le but « terrestre » bien entendu, mais pas seulement. La maison X indique en réalité le sens de la destinée, la direction de l'accomplissement personnel dans la matière.

Aujourd'hui, l'ambition professionnelle est bien souvent l'unique but de l'individu. Mais cela est très restrictif et constitue même une aberration, car le but de l'individu, son destin ne peut se résumer à la seule expérience professionnelle. Cela va bien au-delà de cela. Nous pouvons parler ici de *Quête,* cette quête de l'esprit qui va prendre tel ou tel chemin en vue de son accomplissement spirituel, en vue d'acquérir plus de maturité, plus de sagesse aussi. C'est précisément parce que l'homme moderne s'est coupé des valeurs spirituelles, que celui-ci s'est identifié à sa seule ambition professionnelle, à son but « terrestre ». Précisons encore que le Milieu du Ciel peut être considéré comme un facteur solaire, en ce sens que ce point est celui de la culmination du Soleil à midi. D'où la notion d'Accomplissement. **Mots-Clefs :** ÉLÉVATION – **ACCOMPLISSEMENT.**

*** *** ***

Le Zodiaque **déroule** la Loi de la Création, et celle-ci se déroule à travers les 12 sphères expériences que sont les 12 maisons. Ce déroulement correspond à la spirale évolutive de l'homme incarné sur terre.

L'Ascendant est la potentialité de l'être, suggérant le caractère de l'individu, tel qu'il pourrait devenir. Cela dépend avant tout de l'hérédité, des acquis personnels de l'être (maison II), et ensuite des influences de l'environnement le plus proche (maison III), les frères et les sœurs tout d'abord. Mais tout doit auparavant être stabilisé, enraciné, assimilé en maison IV (le Fond du Ciel), c'est-à-dire au sein de la cellule familiale, d'abord avec l'entourage parental, puis avec la famille que l'on fonde plus tard soi-même. Le Fond du Ciel est le point de stabilité, c'est ici que se forment les racines de la personnalité. N'oublions surtout pas que sans racines, sans un enracinement suffisant, l'être ne peut mûrir et évoluer correctement à travers les expériences des maisons suivantes (de V à XII). Ainsi, après avoir expérimenté la maison V (amour, créativité, enfants), et la maison VI (perfectionnement – service) et cela par le travail et les contraintes du quotidien, vient l'expérience de la maison VII (le Descendant), où l'être doit adapter son activité à celle de l'autre, des autres ... C'est l'expérience relationnelle où les mots-clefs sont : coopération, harmonisation, équilibre. Viennent ensuite les expériences des maisons VIII et IX, où chacun doit se mêler de plus en plus consciemment et profondément aux activités communes. On doit théoriquement atteindre ici la maturité, dans le développement d'une plus grande compréhension des expériences de la vie ; c'est la quête de tout individu en mouvement qui, pour progresser, va étudier l'histoire, la philosophie, bref qui va élargir son horizon en voyageant, intérieurement et éventuellement aussi de manière physique. C'est cette maturité, ces acquis personnels qui devraient permettre à tout un chacun d'apporter sa contribution à l'évolution de la société. C'est ici qu'intervient l'expérience de la maison X (la vocation) dont nous venons d'expliquer la symbolique. Tel est le programme d'évolution du cycle des maisons. Voici pour terminer quelle est la nature des deux dernières maisons clôturant le cycle du Zodiaque : la XIème et la XIIème maison, qui représentent une grande exigence, comme nous allons le voir ci-après …

MAISON XI (Analogie du signe du VERSEAU) :

• Faisant face à la maison V (homologie du Lion), la maison XI, maison d'Air et succédante, est de nature uranienne. Ici, on peut libérer le potentiel, le pouvoir acquis en maison X et l'employer de façon significative au sein du groupe, de la collectivité, c'est-à-dire au plan socio-culturel. On peut en quelque sorte récolter les acquis de ce que l'on a construit de la maison I à la maison X et devenir l'intermédiaire permettant de concrétiser des idées au niveau de la collectivité « supérieure ». On peut dire que le pouvoir de la société ou du groupe, peut se libérer à travers l'individu, en maison XI, à condition bien sûr que celui-ci ait franchi les étapes et ait atteint la maturité nécessaire. N'oublions pas que la maison XI fait face à la maison V, maison liée à la créativité. Ainsi, en maison XI, l'individu libère ses pouvoirs créateurs, mais cette fois-ci au niveau du Tout. C'est la création, non plus individuelle et individualiste, mais universelle, holistique. L'individu est alors devenu un instrument du grand Tout et non plus un être centré sur lui-même. D'où la notion d'humanisme, d'universalité liée à cette maison, homologie du Verseau. Il faut cependant bien comprendre que rien ne peut se réaliser en maison XI si l'être a échoué dans son programme d'évolution, de ce qu'il a expérimenté de la maison I à la maison X. C'est pourquoi au négatif, la maison XI amène non plus la libération de ses acquis au sein de la société, mais représente au contraire la rébellion, la protestation, le désir de revanche, voire de vengeance ou de destruction, et cela contre la société et ses valeurs (mouvements politiques extrémistes, anarchisme, terrorisme ...)

Maison traditionnellement reliée à la vie amicale, aux relations impersonnelles les plus riches, la maison XI est aussi à l'inverse une maison qui peut être synonyme d'isolement ou encore de liens amicaux sans valeur ou de nature déformée. Les « amis » sont alors excentriques, révolutionnaires, hors normes, voire hors la loi ! ... Le type d'expériences lié à la onzième maison est axé essentiellement sur l'extériorisation des idéaux d'un être en liaison avec d'autres êtres qui partagent ces idéaux : ce sont là les véritables amis au sens le plus noble du terme. Attention cependant au piège corrélatif à la maison XI qui est de ne pas renoncer à son pouvoir et aux privilèges de sa position acquise en maison X, car alors lors de la clôture du cycle (maison XII), se préparera le karma futur lié au péché d'orgueil et de glorification personnelle par l'utilisation égoïste du pouvoir social. Il faut bien dire ici que la plupart des hommes politiques actuels tombent dans ce piège si tentant du pouvoir égoïste et mesquin, au détriment de l'intérêt collectif ... N'oublions pas également que ce qui vient en maison XI est conditionné par ce qui s'est construit auparavant dans les 3 autres maisons succédantes : la maison II, la maison V et la maison VIII, dont le concept commun est <u>UTILISER.</u>

Mot-Clef : LIBÉRATION.

<u>MAISON XII (Analogie du signe des POISSONS) :</u>

• Maison de l'intériorisation par excellence, cette sphère d'expérience est l'aboutissement du cycle des 12 maisons. Le moment est venu de faire <u>la synthèse</u> des expériences précédemment vécues. Vient l'heure d'affronter en toute objectivité le résultat, les fruits des phases antérieures du cycle, afin d'en tirer les leçons, afin d'éliminer ce qui doit l'être, car inutile, et de garder l'essence de ce qui a permis d'accomplir avec succès le programme prévu dans le cycle. L'expérience de maison XII nous contraint à accepter ce qui est, que ce soit l'échec ou la réussite, peu importe ! Il faut faire ici preuve d'humilité et de sagesse afin de se préparer à faire mieux lors du nouveau cycle à venir.

La maison XII est traditionnellement reliée à la notion de Karma, de contrainte, voire de souffrance. Cela est parfois vrai dans la mesure où l'être refuse de lâcher ce qui doit disparaître en lui. Car la maison XII est avant tout le domaine de l'accomplissement, de la fin parfaite, prélude à un nouveau cycle plus riche encore. En maison XII, on doit apprendre que l'individu ne vit pas dans le néant, dans le vide, mais fait partie intégrante d'un Tout : l'Univers, le Cosmos, peu importe le terme employé, il est temps d'accéder à une vision plus universelle, plus spirituelle. C'est l'exigence de transcendance de la maison XII, bien souvent niée, refusée. Mais ce refus-là amène effectivement incompréhension, et donc souffrance et malheur. Voilà pourquoi la maison XII est souvent associée aux notions d'exil, de martyre, d'expiation, voire d'enfermement, de prison. Il est évident au regard de ce qui vient d'être dit, que le nouveau cycle inauguré en maison I ne peut s'enclencher correctement lorsque l'expérience de la maison XII s'est mal passée. C'est alors un cycle « pour rien » dirons-nous, car l'individu, ayant manqué les enclenchements de la Loi, n'est pas prêt à poursuivre plus avant son cheminement.

Mots-Clefs : TRANSCENDER – ÉLEVER.

CHAPITRE II
L'ÉRECTION DU THÈME ASTRAL
Principes et calculs horaires

Même s'il existe de nombreux logiciels très bien conçus qui permettent d'ériger un thème astral de manière très fiable et très rapide, il est à mon sens nécessaire et même indispensable de savoir ériger une carte du ciel de naissance grâce aux outils traditionnels permettant d'effectuer les calculs spécifiques à l'astrologie.

Une connaissance minimum en cosmographie ainsi que des notions de base en astronomie sont souhaitables pour obtenir une vue d'ensemble plus définie du « ciel » par rapport à notre sphère terrestre.

Nous avons besoin de 3 ouvrages indispensables pour mener à bien l'érection d'un thème astral :

1) Les ÉPHÉMÉRIDES (où sont consignées les positions planétaires chaque jour (pour midi ou pour minuit suivant l'édition) – de 1900 à 2000, de 2000 à 2050 par exemple).

2) Une TABLE DES MAISONS (Système *Placidus*) [1]

3) Les RÉGIMES HORAIRES (Europe, Afrique, Etats-Unis, Amérique du Sud, Asie…) permettent de connaître les particularités horaires dans chaque pays. Ceux d'Henri Le Corre (Éditions Traditionnelles) sont les plus connues et sont très complètes.

4) Et un outil également indispensable pour les calculs, UNE CALCULATRICE fonctionnant <u>avec le système sexagésimal</u> (permettant le calcul direct des heures, minutes et secondes).

En astrologie, nous utilisons plusieurs temps. Voici ceux qu'il nous faut impérativement connaître afin de pouvoir ériger un thème astral :

    a) Le Temps Sidéral,
    b) Le Temps Légal,
    c) Le Temps Local vrai et le Temps Local moyen,

(1)   Le système PLACIDUS (le plus utilisé de nos jours) est certainement le plus fiable, car le plus exact astronomiquement parlant. Il existe d'autres systèmes élaborés par d'autres astronomes, tels que CAMPANUS, RÉGIOMONTANUS ou encore PORPHYRE. Les axes de l'horizon et du méridien restent les mêmes dans tous les systèmes, mais ils diffèrent quant à la position des autres cuspides des maisons II, III, V et VI, ainsi que leurs opposés polaires. Le système PLACIDUS place les cuspides des maisons intermédiaires en divisant en 3 segments égaux les demi-arcs du Soleil et de tous les facteurs exprimés zodiacalement, c'est-à-dire le temps qu'il faut au Soleil pour aller du point de son lever jusqu'au point où il se trouve à midi.
Mon expérience sur des centaines de thèmes astraux m'a montré la fiabilité du système PLACIDUS qui dessine des maisons inégales, avec l'apparition de signes interceptés et dupliqués. Sur ce sujet très vaste, les ouvrages de Donald H. Yott (Les Signes Interceptés) ou encore d'Irène Andrieu (Psychologie des Interceptions) sont si précis et si déterminants que l'utilisation du système PLACIDUS me semble aujourd'hui couler de source …

d) L'Heure de Greenwich (GMT ou T.U. « Temps Universel »).

Voici les définitions de ces différents temps en vigueur :

<u>LE TEMPS SIDÉRAL :</u> Le Jour Solaire et le Jour Sidéral diffèrent en raison du mouvement orbital de la terre autour du Soleil. En effet, la rotation de la terre autour du Soleil ne s'effectue pas exactement en 24 heures, mais en 23h56'. L'excès de la durée du jour solaire sur le jour sidéral correspond à 3'56'' en moyenne. Ce temps est appelé « sidéral » (ou stellaire) car il est basé sur le retour d'une étoile fixe au même méridien d'un lieu 24 heures plus tard. Voici l'illustration schématisée de ce phénomène astronomique :

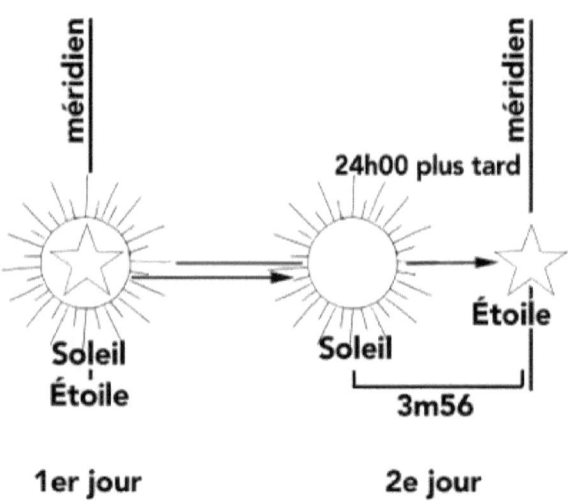

Le Temps Sidéral est indiqué dans la première colonne (à gauche) des Éphémérides pour chaque jour à minuit. Certaines Éphémérides le donnent cependant pour midi. Nous pouvons remarquer qu'à l'Équinoxe d'Automne, au 21 septembre à minuit, le Temps Sidéral est équivalent à l'Heure de Greenwich à 0 heure. Puis en progressant jour après jour, nous augmentons à chaque fois ce Temps Sidéral d'environ 3'56''. Ce qui fait, par exemple, que le 28 février 1977, à 0 heure, le Temps Sidéral équivaut à 10h30'48'' (du 22 septembre au 28 février = 160 jours x 3'56'' = 10h30).

C'est le TEMPS SIDÉRAL DE NAISSANCE qui va nous servir pour calculer la domification, pour obtenir la position de chacune des cuspides des 12 maisons du thème astral.

LE TEMPS LÉGAL : Le Temps « légal » est défini par le pays sur son territoire. C'est l'heure officielle d'un pays. Cette mesure permet d'échapper à la variabilité des temps locaux (les pays très étendus en longitude présentent plusieurs heures sur cette étendue).

LE TEMPS LOCAL « vrai » et LE TEMPS LOCAL « moyen » : Le Temps Local Vrai est tout simplement l'heure qu'indiquerait un cadran solaire à un lieu donné. Le Temps Local Moyen, lui, est calculé sur le fuseau horaire le plus proche d'un lieu donné.

L'HEURE DE GREENWICH : Il s'agit là du **TEMPS UNIVERSEL (T.U.)** et cela pour toute la planète. Nommée encore l'Heure GMT (de l'anglais « Greenwich Mean

Time »), les astronomes ont eu autrefois recours à cette heure unique pour pallier les irrégularités de la rotation de la terre. C'est ce temps, le T.U. ou Heure GMT, qui va nous permettre de calculer la position de toutes les planètes autour du Zodiaque, position exprimée en longitude (degrés, minutes et secondes) dans les Éphémérides. La longitude est mesurée sur l'Écliptique (le Zodiaque) de 0° à 360°, dans le sens direct, l'origine étant le degré zéro du Bélier (ou point vernal) ; chaque signe mesurant 30° de longitude (360° ÷ 12).

ROTATION DE LA TERRE ET CORRECTION DE LONGITUDE : En plus du calcul horaire et pour que l'heure de naissance soit la plus exacte possible, il est également nécessaire de tenir compte de la longitude du lieu de naissance de la personne à qui l'on doit ériger son thème astral. Dans tous les cas, le lieu de naissance d'un individu se situera à l'Est ou à l'Ouest du Méridien de Greenwich. Si l'individu est né à l'Est de Greenwich, il faudra ajouter le temps correspondant à l'arc exprimé en degré(s), minutes et secondes. Inversement, si l'individu est né à l'Ouest du méridien de Greenwich, il faudra retrancher le temps correspondant à l'arc exprimé en degré(s), minutes et secondes. Les régimes horaires de Henri Le Corre, par exemple, donnent directement en temps la correction de longitude à effectuer pour un lieu donné. Il n'y a donc pas de calcul à effectuer pour transformer l'arc exprimé en degrés, minutes et secondes, en heures, minutes et secondes.

Rappelons tout de même les principes de conversion arc/temps suivants :

- 24 heures   = 360°
- 1 heure   = 15°
- 1°   = 4 mn
- 1'   = 4 s

Donnons un exemple de conversion pour Besançon (Doubs). L'arc de longitude de Besançon est très précisément de 6°2' à l'est de Greenwich. Une fois convertie en temps, la longitude de cette ville est de 0h24'08'' Est (6°2' ÷ 15 = 0h24'08'').

CORRECTION LIÉE À LA ROTATION DE LA TERRE AUTOUR D'ELLE-MÊME : Le Temps Sidéral augmentant de 4 minutes par jour, la terre, en 24 heures, met 4 minutes pour s'aligner à nouveau sur l'avance du Soleil qui s'est lui-même déplacé de 1 degré sur son orbite. Ce décalage nous oblige à rectifier le temps sidéral à raison de 10'' par heure d'intervalle (l'heure GMT) (4 minutes par jour = 10'' par heure).

Venons-en à présent au calcul proprement dit du thème astral. Nous prendrons ici exemple d'un homme, Monsieur « B », né le 25 mai 1956 à Rouen (Seine Maritime – 76), à 5 heures du matin.

Premier point à résoudre : Y avait-il, à cette date, une heure d'été, qu'il faudrait alors retrancher de l'heure de naissance ? Dans le livre des régimes horaires, on y lit que, depuis le 16 septembre 1945, à 1 heure, l'heure GMT est égale à + 1 heure sur tout le territoire.

Les heures d'été commencent seulement en 1976. L'heure GMT de naissance se trouve donc en retranchant de l'heure de naissance (5 heures), 1 heure. 5 heures – 1 heure = <u>4 heures</u>. <u>L'heure GMT de naissance de cette personne est donc : 4 heures du matin le 25 mai 1956.</u>

C'est cette heure GMT qui va nous servir à calculer la position des planètes autour du Zodiaque, ainsi que la position de l'Axe Nodal et autres facteurs astronomiques. <u>En effet, le Temps Sidéral ne rentre absolument pas en ligne de compte dans le calcul de la position des planètes.</u>

<u>Après avoir obtenu l'heure GMT de naissance, il nous faut connaître l'heure sidérale de naissance, afin d'obtenir la position de l'Ascendant du thème de naissance, ainsi que la position des onze autres maisons.</u>

Deuxièmement : la ville de Rouen se situe à 4'20'' à l'est de Greenwich. Il faut donc ensuite <u>ajouter</u> ces 4'20'' à l'heure GMT qui est de 4 heures. Nous obtenons ainsi <u>4h4'20''</u>.

Troisièmement : nous corrigeons de 10'' par heure d'intervalle (entre minuit et 4 heures du matin), ce qui fait que nous ajoutons 40'' aux 4h4'20'' : nous obtenons un temps de 4h5'.

Quatrièmement : nous consultons les Éphémérides, afin de connaître l'Heure Sidérale à 0 heure pour le 25 mai 1956. Ce temps est de 16h10'12''. Il nous faut alors ajouter ce Temps à l'heure précédemment obtenue : 4h5' + 16h10'12'' = **20h15'12''**.

Ce résultat (20h15'12'') est le Temps Sidéral de Naissance de cet homme (TSN). C'est ce Temps qui va nous permettre de trouver, grâce à la Table des Maisons, la domification, c'est-à-dire la position exacte des cuspides des 12 maisons. Il nous faut pour cela connaître également la latitude de la ville de Rouen, qui est également indiquée dans le livre des Régimes Horaires. Cette latitude est de 49°26' Nord.

Nous ouvrons donc la Table des Maisons à la latitude la plus proche de 49°26' Nord et à l'Heure Sidérale que nous avons calculée : 20h15'12''. La latitude la plus proche étant 49°30', nous lisons à la ligne correspondant à l'heure la plus proche (20h17'2''), que l'Ascendant se situe à 2°34' des Gémeaux, que la maison II se situe à 25° des Gémeaux, que la maison III est à 13° du Cancer, que la maison X est à 2° du Verseau, que la maison XI est à 26°8 du signe du Verseau, et enfin que la maison XII se situe à 7°1' du signe du Bélier. Les maisons VII, VIII, IX, IV, V et VI se situant bien entendu sur le même degré, mais dans le signe opposé et complémentaire.

Nous avons ainsi obtenu la Domification du thème astral de cet homme, c'est-à-dire la position des 12 maisons autour du Zodiaque. Voici néanmoins, pour plus de clarté, le détail des calculs effectués pour ériger ce thème astral de naissance :

Le 25 mai 1956, naissance de M. « B. » à Rouen, à 5 heures du matin

	05 h	= **Heure de naissance**
GMT = + 01 h	- 01 h	= **04 h**
		= **H. GMT naissance**
Long. Rouen : 4'20'' Est	+ 00h04'20''	
		= **04h04'20''**
		= **Heure de naissance cor.**
Correction 10'' / h (4h GMT)	+ 00h00'40''	
		= **04h05'**
T.S. du jour à 0 h : 16h10'12''	+ 16h10'12''	
		= **20h15'12''** = **TSN**

Dans le cas où le Temps Sidéral de naissance dépasse 24 heures, il faut tout simplement retrancher 24 heures de l'heure calculée pour obtenir le TSN.

Nous devons à présent, après avoir calculé la domification du thème astral, calculer la position des planètes grâce aux

Éphémérides. Dans le cas qui nous concerne, c'est l'heure GMT de naissance (4h) qui va nous servir à réaliser ces calculs, les positions planétaires des Éphémérides étant calculées par les astronomes en TU, en heure GMT donc, pour 0 h.

Pour cela, pour chaque planète, il faut calculer sa course pendant 24 heures au jour de la naissance, diviser l'arc ainsi trouvé par 24 afin d'obtenir la course de la planète en 1 heure. Nous n'avons alors plus qu'à multiplier ce résultat par le temps GMT de naissance, dans notre exemple 4 heures, et additionner ce résultat à la position de la planète au jour de la naissance à 0 heure.

Continuons avec l'exemple de M. « B » : le Soleil de cet individu se situe, le 25 mai 1956 à 0 heure, à 3°34'16'' du signe des Gémeaux. Le lendemain, à 0h, celui-ci se situe à 4°42'51'' du signe des Gémeaux.

• Nous devons donc tout d'abord soustraire 3°45'16'' de 4°42'51'', ce qui fait 0°57'35''. Ce résultat est appelé le pas du Soleil. Il correspond à la distance de cet astre parcourue en 24 heures sur le Zodiaque.

• Deuxièmement, nous devons diviser par 24 (24 h) ce nombre, afin d'obtenir le pas solaire en 1 heure : 0°57'35'' ÷ 24 = 0°2'23.96''. Nous arrondirons ici à 0°2'24''.

• Nous multiplions ensuite ce chiffre par 4 (heure GMT de naissance de la personne) et nous obtenons le pas exact du Soleil en 4 heures : 0°2'24'' x 4 = 0°9'35''.

• Il reste à additionner ce résultat à la position du Soleil à minuit le 25 mai : 0°9'35'' + 3°45'16'' = **3°54'51''**. Ce résultat est la position exacte du Soleil à 4 heures GMT, le 25 mai 1956.

Nous ferons de même pour chacune des planètes. Bien entendu, lorsque nous arrivons au calcul de la position des planètes Trans saturniennes, il n'y a plus besoin de calcul, car il suffit de faire un rapide calcul d'interpolation afin d'obtenir la position d'Uranus, Neptune et Pluton, celles-ci possédant une course extrêmement lente.

Si nous prenons l'exemple de Neptune dans notre thème d'exemple, qui se trouve en phase de rétrogradation, nous voyons que le 25 mai à 0 heure, la position de cet astre est de 28°9'2'', et que le lendemain à 0 heure, celle-ci est à 28°8'. Nous utiliserons donc la position du 25 mai, c'est-à-dire 28°9'. En effet, cette personne étant née à 4 heures, nous sommes plus près du résultat du 25 mai à 0 heure, que du 26 mai à 0 heure.

Cela fait, il ne reste plus qu'à ériger la carte du ciel de naissance de cette personne. Ajoutons que les calculs doivent toujours être le plus précis possibles, même si l'heure de naissance n'est pas exactement connue. En effet, il ne s'agit pas de rajouter des erreurs à d'autres erreurs. L'érection d'un thème natal demande une grande rigueur ainsi qu'une grande attention. Il n'est jamais inutile, après avoir calculé tous les éléments composant un thème astral, de vérifier puis de revérifier toutes les données, que ce soit dans les Éphémérides ou dans les Tables des Maisons.

***

CHAPITRE III
LES CONDENSATEURS
DU PASSÉ

Symbolique de l'Axe Nodal
Nœud Nord et Nœud Sud de la Lune

L'Axe des Nœuds Lunaires, appelé **Axe du Dragon** par les hindous ou *Kethu*, représente l'Axe de Vie, la ligne d'évolution de l'être humain, son chemin de vie.

Deux pôles se partagent cette ligne d'évolution : le Nœud Sud ☋ représente le passé de l'être, tandis que le Nœud Nord ☊ représente le futur de l'être. Le Nœud Sud est comme une combinaison d'événements, d'idées, d'attitudes, de sentiments qui, cultivés dans toutes nos incarnations, ont « créé », fabriqué le chemin de vie présent. C'est dire l'importance cruciale de ce facteur dans un thème de naissance. Cependant, cet Axe des nœuds lunaires n'est pas comme les planètes, c'est-à-dire un facteur « tangible », « visible », mais un facteur « invisible », *symbolique* donc, mais bien réel. Par cet axe, par cette ligne s'écoule le flux d'énergie du temps, venant du passé et se dirigeant vers le futur.

Le Nœud Sud de la Lune est comme la mémoire du Passé *(Je sais)* et le Nœud Nord de la Lune est comme l'actualité de cette mémoire *(J'apprends)*.

Ce facteur « fictif », invisible, qu'est l'Axe Nodal, est néanmoins bien réel astronomiquement parlant. <u>Il représente en effet l'Ascendant et le Descendant de la Lune dans le thème astral.</u>

Cet Axe indique le point d'intersection Sud et Nord du plan de rotation de la Lune autour de la Terre avec le plan de l'Écliptique. C'est le point de convergence de nos deux luminaires (Soleil - Lune), associant ce que symbolise la Lune (l'âme, l'être psychique, le moi) et ce que symbolise le Soleil (le principe spirituel dans l'être, le Soi).

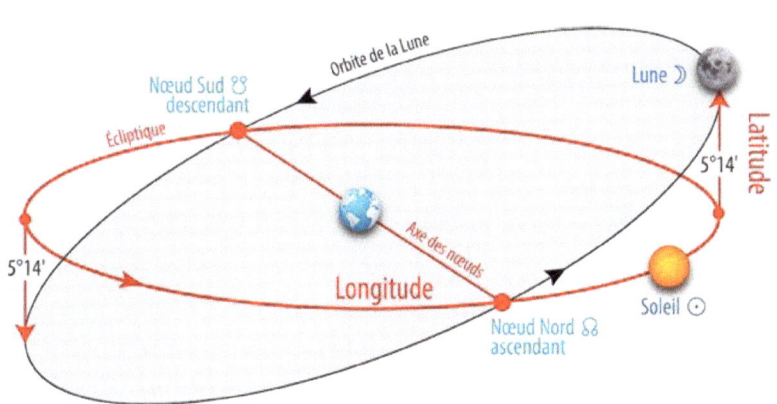

Comme toutes les planètes, l'Axe Nodal possède son propre cycle qui se renouvelle sur un rythme de 18 ans environ. Sa progression est d'environ 3 minutes d'arc par jour. Son mouvement est Rétrograde, révélant par ce seul fait que ce facteur est essentiellement lié au Passé, donc au Karma, tout comme les planètes dites Rétrogrades, sujet que nous aborderons plus tard.

Pour résumer ce qui vient d'être ébauché, il faut savoir que dans tout thème de naissance d'un individu est inscrite sa trame de vie, trame que nous pouvons appeler axe passé-présent-futur. En d'autres termes, ce qui fut tissé d'erroné (lié au passé) et ce qui doit être réalisé pour se libérer de ce passé … cette ligne, cet axe passé/présent/futur se décrypte en premier lieu à travers la position de l'Axe Nodal. Axe primordial, celui-ci représente l'ossature du thème astral, il est comme la colonne vertébrale sur laquelle toute la carte du ciel est reliée, rattachée.

Le Nœud Sud Lunaire ☋ indique ce que l'on a laissé derrière nous ! Il est l'attraction « hypnotique et inconsciente » qui nous fait nous maintenir dans nos vieux comportements. Le Nœud Sud est à l'image des sables mouvants : on essaye de s'en extirper sans pouvoir réellement y parvenir. Ces « sables mouvants » représentent alors ce qui nous lie à ce passé dont on ne peut s'extraire qu'au prix de grands efforts. Car là se situe la mémoire du passé qui nous maintient dans nos vieux schèmes comportementaux. On peut ainsi dire que le Nœud

Descendant nous indique quel mode de pensée et d'action, devenu automatique, parce que très ancien, s'est cristallisé dans l'être dans le corps astral de l'individu.

Le Nœud Nord Lunaire ☊ quant à lui, indique dans quelle direction l'être doit se diriger, ce qu'il doit développer pour se débarrasser de ses modes de pensée et d'action erronés, parce que devenus trop unilatéraux. Dans le Nœud Nord de la Lune se retrouve l'inconnu d'un destin, d'un futur non encore vécu, non encore expérimenté. Le chemin est là, devant l'individu, mais que celui-ci l'emprunte entièrement, à moitié ou pas du tout, dépendra obligatoirement de sa capacité à se détacher du fil qui le relie à son Nœud Sud, à son passé.

Tout le thème astral est par conséquent assemblé, construit, structuré autour de cet axe nodal. C'est donc ce que nous analyserons en premier lieu, lorsque nous voudrons comprendre la dynamique, la logique d'un thème astral, lorsque nous voudrons comprendre les causes de tout événement, de toute destinée.

Cependant, il est nécessaire de préciser ici, pour ne rien figer, que chaque cas est particulier, et que chaque individu n'est pas obligatoirement « coincé » dans son Nœud Sud à 100%. En effet, chez nombre de personnes, le Nœud Nord a pu être développé de façon particulièrement puissante. Cela est dû aux incarnations précédentes, où l'être a expérimenté l'Axe Nodal qui le concerne, en naviguant entre ces 2 pôles opposés et complémentaires ; ce qui a eu pour effet de générer une grande tension entre les 2 pôles NS/NN. L'équilibre entre ces 2 forces étant alors très difficile à canaliser. Là encore, ce n'est qu'en étudiant le thème dans sa globalité, qu'il est possible de comprendre si l'être est encore entièrement ou en partie dans son Nœud Sud, ou bien s'il a travaillé en direction de son Nœud Nord ... ou encore s'il a exagéré de manière unilatérale la polarité du Nœud Nord, déséquilibrant alors la ligne d'évolution inscrite dans l'Axe Nodal.

Prenons l'exemple de quelqu'un qui possède un Axe Nodal en Taureau/Scorpion, le Nœud Sud se situant en Taureau conjoint à la Lune et le Nœud Nord en Scorpion conjoint au Soleil : dans ce cas précis, nous voyons que cette personne a travaillé spirituellement (Soleil conjoint NN) pour abandonner ses vieilles habitudes liées au Taureau (habitudes possessives et matérialistes, entêtement). Cependant, ce qui le retient encore fortement en arrière, c'est la Lune conjointe au Nœud Sud en Taureau. C'est cela qui l'empêche de se libérer totalement, le retenant dans le passé, dans ses habitudes passéistes, empreintes d'exigence affective et émotionnelle ...

Chaque cas est particulier, unique, et il convient d'analyser tous les facteurs du thème astral pour comprendre quel travail a été réalisé pour aller vers le Nœud Nord Lunaire et ce qui retient encore l'être dans ses vieux schémas.

Précisons qu'en plus du cycle de 18 ans marquant le retour des Nœuds Lunaires à leur point d'origine, il faut mentionner encore celui marquant le retour des Nœuds à leur position inversée : c'est-à-dire 9 ans ! Ainsi, tous les 9 ans, le Nœud Nord se retrouve sur la position du Nœud Sud et inversement. Nous reviendrons également plus tard sur l'importance de ce cycle dans l'analyse progressée d'un thème natal.

***

Les 12 positions de l'Axe Nodal dans le Zodiaque

NŒUD NORD BÉLIER / NŒUD SUD BALANCE : Il faut prendre conscience de soi, acquérir sa véritable identité ! Qui suis-je moi ?! De même faut-il prendre ses décisions en toute conscience en puisant dans ses ressources intérieures et non en dépendant trop des opinions et des jugements d'autrui. La problématique centrale de cette position nodale est <u>une trop grande dépendance par rapport à l'entourage</u>, à l'autre en général, du partenaire, du conjoint en particulier. Il y a comme une incapacité à résoudre seul ses doutes, ses incertitudes, ses contradictions intérieures. Il faut apprendre à sublimer sa susceptibilité, afin de ne plus se retrouver ballotté par la pression et le jugement d'autrui.

La maison contenant le Nœud Sud indique dans quel domaine la dépendance à autrui a empêché cette âme de se développer personnellement. La maison contenant le Nœud Nord indique le domaine dans lequel le Soi va pouvoir devenir enfin lui-même.

NŒUD NORD TAUREAU / NŒUD SUD SCORPION : C'est là l'une des plus difficiles leçons du Zodiaque. Il s'agit de construire un système de valeurs plus concret. Il faut sortir de l'eau des profondeurs de l'inconscient, pour s'ancrer dans la terre, concrète, stable et équilibrante d'une vie moins tourmentée, plus saine. Il faut, avec ce passé Scorpion, se détacher d'une certaine force négative, ainsi que de certaines relations trop destructrices pour soi-même. Le subconscient domine encore trop la personnalité. Il faut réorienter son énergie et ses désirs très puissants afin de retrouver une nouvelle stabilité, une nouvelle confiance et une nouvelle sécurité. Il faut impérativement purifier son corps astral.

La maison où se situe le Nœud Sud montre dans quel domaine doivent être éliminées les scories du mauvais Scorpion, c'est-à-dire ce qui est sombre et ténébreux, et la maison contenant le Nœud Nord détermine quelles expériences vont permettre à l'individu de stabiliser ses énergies.

NŒUD NORD GÉMEAUX / NŒUD SUD SAGITTAIRE : Le passé de cette génération d'individus est axé essentiellement sur des attitudes d'extrême indépendance et d'un grand besoin de liberté. C'est ce qui les a éloignés des autres. Le passé de ces êtres est également empreint d'une grande dispersion et d'une incapacité à s'organiser. C'est une nature *primitive* qui ne s'embarrasse guère avec les problèmes d'autrui, avec tout ce qui est extérieur à lui-même et à sa vision des choses. Il doit, avec son Nœud Nord en Gémeaux, apprendre à se perfectionner dans ses rapports avec autrui : le respect, l'écoute, l'intérêt des droits de son prochain. C'est un certain humanisme qu'il doit développer dans cette incarnation... L'étude, la réflexion et la communication, doivent remplacer une vie trop axée sur « l'aventure », la vie de « bohême », loin des autres et donc de leurs besoins.

La maison où se situe le Nœud Sud montre le domaine qui maintient l'être dans ses habitudes de liberté extrême, tandis que la maison où est le Nœud Nord nous indique par quels moyens l'individu pourra réapprendre à communiquer, à se perfectionner en se reliant à l'autre, dans la société.

NŒUD NORD CANCER / NŒUD SUD CAPRICORNE : Le passé capricornien de cet individu a généré une grande fierté intérieure, où l'important était d'être reconnu et placé en position dominante, de dirigeant. Il y a là une grande rigidité intérieure qui empêche cet être de comprendre et par conséquent d'accepter l'erreur humaine, pour lui-même comme pour les autres. L'opportunisme a dirigé les pas de cet individu vers trop d'ambition et de pouvoir terrestre et social.

La leçon karmique avec cette position nodale est d'abandonner cette place de dominateur froid et calculateur et de faire parler ses émotions, de s'ouvrir émotionnellement à autrui. La sensibilité de cet individu doit renaître à une nouvelle vie. Il faut passer du mode du « recevoir » au mode du « donner », aller de la terre froide, austère et souvent stérile du Capricorne, à l'eau du Cancer, enveloppante, protectrice et chaleureuse.

La maison contenant le Nœud Sud indique dans quel domaine cet être doit à présent abandonner ses ambitions, ses prérogatives terrestres de pouvoir et de domination, tandis que la maison contenant le Nœud Nord montre où il doit s'ouvrir et donner de lui-même en faisant preuve de sensibilité et de compréhension.

NŒUD NORD LION / NŒUD SUD VERSEAU : Ici, l'individu est en lutte avec sa propre volonté. Son indépendance farouche et son grand besoin de liberté l'ont empêché de maintenir des relations amicales durables. L'altruisme est un aspect qui a pu être autrefois développé, mais tout dépendra de la position d'Uranus, régent du Nœud Sud Verseau, car c'est plus souvent l'égocentrisme et l'intolérance qui auront pris la place de l'humanisme du Verseau. Il faut alors développer ses capacités d'amour de manière plus positive et apporter aux autres son rayonnement et sa chaleur. On ne doit plus rester au niveau des idées, mais concrétiser ses capacités créatives et ses facultés d'empathie et d'amour. On doit passer ici de la théorie (de nature mentale) à la pratique (de nature spirituelle et terrestre) … de l'air versatile au feu créateur !

La maison contenant le Nœud Sud nous montre dans quel domaine l'être veut maintenir à tout prix son indépendance et préserver ses idéaux utopiques. La maison contenant le Nœud Nord indique à travers quelle expérience l'individu pourra développer ses dons créatifs et apporter son rayonnement et sa générosité au monde.

NŒUD NORD VIERGE / NŒUD SUD POISSONS :

C'est une absence de discernement qui a privé l'être d'une juste rétribution due à son altruisme et à son dévouement pour autrui. Le passé « Poissons » a trop souvent plongé cet individu dans la confusion de ses émotions, à travers un idéal inaccessible et utopique de paix et d'amour ! Cela l'a rendu également tributaire des autres, ne voulant jamais froisser ni jamais faire de mal à quiconque. Il doit donc apprendre à dire non quand il le faut ! Il lui faut se structurer mentalement, ne plus rester dans ce monde manquant de clarté, sans forme précise, qu'il a autrefois cultivé à l'excès. Il faut sortir d'une vision illusoire du monde pour aller vers une vision plus « réaliste », plus construite, plus stable de celui-ci. L'intuition est très souvent présente chez ces individus, mais l'intellect doit filtrer ces informations et les structurer, afin de ne pas rester dans un monde trop chimérique, plein d'indécisions et d'impressionnabilité.

La maison contenant le Nœud Sud nous indique dans quel domaine l'imaginaire, le fantasme et l'idéalisme, tendent à vouloir maintenir leur emprise, tandis que la maison contenant le Nœud Nord nous montre quel type d'expériences peut permettre à cet individu de parvenir à un réel discernement, une compréhension plus large du grand processus de la vie, dans lequel l'être humain n'est qu'un infime rouage. L'être, avec cette position de l'axe nodal, peut parfois avoir atteint une certaine compréhension « holistique » de la vie. Il lui faudra cependant utiliser l'intellect de manière plus discriminatoire, afin de pouvoir faire la synthèse de tout ce qui fut vécu émotionnellement, et de l'utiliser dans la construction et l'élévation de sa conscience.

NŒUD NORD BALANCE / NŒUD SUD BÉLIER : Cette position de l'Axe Nodal révèle une lutte, une affirmation de soi effrénée et individualiste, et le besoin de s'unir à l'autre. Il faut ici trouver le juste équilibre entre « soi-même » et « les autres ». Le passé martien a forgé chez cette personne une tendance à vouloir passer avant les autres, à agir égoïstement et parfois « fanatiquement », sans tenir compte d'autrui. Avec le Nœud Nord en Balance, l'être doit apprendre à compter avec les autres, en tenant compte de leurs avis et de leurs besoins. Le désir très puissant de s'affirmer doit passer en second afin de retrouver l'indispensable équilibre entre les besoins de son propre ego et celui de ceux et celles qui se trouvent à côté. Il est essentiel de transformer le rapport d'agressivité avec autrui en attitude plus tolérante, plus diplomate, plus souple !

La maison contenant le Nœud Sud montre dans quel domaine les désirs et les passions de l'égo encore très marqués se font sentir. La maison où se trouve le Nœud Nord indique de quelle manière l'être doit apprendre à coopérer, à écouter et à tenir compte de son prochain, en mettant en arrière-plan ses propres désirs.

NŒUD NORD SCORPION / NŒUD SUD TAUREAU : Cette position nodale est facteur de transformation « obligée ». Cet individu s'accroche de manière très tenace à ses convictions, à ses affirmations, comme à tout ce qu'il possède et veut posséder matériellement parlant. Il y a là une problématique liée à la notion de « possession », tant sur le plan physique que sur des plans plus subtils : les idées, les idéaux, les conceptions … Le Nœud Nord en Scorpion impose à cet être une mutation profonde au niveau de ses besoins de possession. Il devra renaître entièrement, en abandonnant, et même en perdant finalement tout ce qu'il continue à vouloir serrer dans ses mains. *Mourir pour renaître à une nouvelle vie,* débarrassé de tout le poids qui l'empêche d'être libre et d'avancer vers sa destinée. Le Nœud Nord Scorpion apporte une grande exigence, la plus grande exigence qui s'impose à l'individu possesseur de ces Nœuds … Exigence souvent douloureuse mais salvatrice, car libératrice, dans la mesure où l'être ne s'accroche pas obstinément à ce qu'il prétend posséder. De même, faut-il transformer sa vision matérialiste de la vie en s'ouvrant à des questions plus métaphysiques, spirituelles !

La maison où se situe le Nœud Sud indique le domaine qui retient l'être dans ses habitudes statiques et sclérosées de tout garder à lui, pour lui ! Tandis que la maison où se situe le Nœud Nord montre à travers quelle expérience la renaissance de l'âme pourra s'opérer, dans le renoncement à ce qu'il voulait garder à lui, pour lui !

NŒUD NORD SAGITTAIRE / NŒUD SUD GÉMEAUX : Une trop grande dépendance intellectuelle vis-à-vis des autres a conduit cet individu dans un labyrinthe de dualités, d'indécisions, ballotté de-ci de-là à cause d'une superficialité trop présente au niveau relationnel. Cet être est resté à la surface des choses, provoquant une dispersion de son être intérieur. Il fut, à l'image du papillon, éphémère, léger, butinant d'un endroit à l'autre sans jamais se poser, sans jamais s'engager. Il y a ici une intellectualisation de tout ce qui vient à l'être, que ce soient des notions, des idées, des paroles … tout est mentalisé et ne devient jamais réellement vivant, car non vécu *en profondeur* par cette âme … Il faut sortir de cette attitude de *« caméléon »* et devenir plus vrai, plus loyal et plus fidèle. Le mot-clef ici est *« engagement »*. Car l'être doit effectivement s'engager de manière plus responsable au niveau de ses convictions personnelles. Il lui faut hisser son mental, sa pensée, à un niveau supérieur, et abandonner cette tendance opportuniste à être tout pour tout le monde, à penser et à exprimer la même chose que ceux qu'il rencontre sur son chemin.

La maison où se situe le Nœud Sud montre dans quel domaine l'être se maintient à un niveau superficiel et sans consistance, utilisant encore son mental inférieur à la manière du « caméléon ». La maison où se situe le Nœud Nord indique par quel chemin l'être pourra élever son niveau de conscience plus haut, dans l'acquisition de convictions véritablement personnelles.

NŒUD NORD CAPRICORNE / NŒUD SUD CANCER : L'individu possesseur de ces Nœuds a gardé une « âme d'enfant », une âme imprégnée d'hypersensibilité, de malléabilité, d'influençabilité. Cet être est resté immature, car pétri de peurs profondes : un besoin quasi maladif de sécurité l'a conduit à rester immobile de peur de perdre ce qui le maintenait dans son monde à lui, un monde protégé, hypersécurisé. Il y a donc souvent un attachement viscéral à la famille et à tout ce qu'elle représente de repères de sécurité, de protection, de traditions. Il faut pourtant avancer sur la terre stable du Capricorne, pour sortir de cet univers trop infantile. Le Nœud Nord en Capricorne impose à l'être d'acquérir une vraie maturité psychique, et donc à devenir un adulte, mûr, autonome et responsable. Il faut que l'être trouve un but dépassant sa sphère personnelle, investissant sa vie dans un contexte supra-personnel, dans une dimension collective et universelle.

La maison contenant le Nœud Sud indique dans quel domaine l'état d'immaturité de cet individu se fait encore sentir. La maison où se trouve le Nœud Nord indique quelles expériences vont lui permettre de devenir une personne adulte, responsable et autonome.

NŒUD NORD VERSEAU / NŒUD SUD LION : Cet individu a eu l'habitude d'être le centre du monde. L'ego aime briller et se mettre en avant. La volonté est très forte. La personnalité est empreinte d'une extrême fierté et d'une certaine vanité, ce qui l'amène à regarder les autres de haut, avec dédain. Il faut dire que l'individu possédant un Nœud Sud en Lion a eu l'habitude d'expérimenter la vie avec fougue et passion. La petitesse humaine le répugne et l'amène à penser qu'il est bien au-dessus de tout cela. Le Nœud Nord en Verseau doit le conduire à acquérir une vision plus humaine, plus humaniste de la vie. L'amour qu'il porte en lui ne doit plus être tourné vers lui seul, mais au contraire vers ceux qui ont besoin d'aide. Il doit « devenir » le porteur d'eau, celui qui apporte amour et réconfort. S'il est capable de sacrifices, ce ne doit plus être seulement pour sa propre gloire, mais pour participer à une cause plus fraternelle, plus universelle, plus humaniste en somme. Il ne doit plus se considérer comme étant seul sur terre, mais comme faisant partie d'un tout, une globalité « cosmique », où chaque maillon, petit ou grand, tient une place tout aussi importante.

La maison contenant le Nœud Sud indique dans quel domaine l'être veut encore se réaliser de manière individualiste et égoïste, tandis que la maison contenant le Nœud Nord montre comment l'individu pourra développer et acquérir une dimension plus fraternelle, plus « *holistique* », en dispensant un amour non plus tourné vers lui, mais un amour sans frontière ni limite.

<u>NŒUD NORD POISSONS / NŒUD SUD VIERGE :</u>
Le défi particulièrement difficile de celui qui possède ces Nœuds est lié au domaine de *la conscience !* Il faut abandonner cette vision de la vie hyper-intellectuelle, où tout est analysé, décortiqué, mis dans des petites boîtes … et donc

où tout y est rigidifié et ne recèle plus la « vie ». En effet, le passé de cet individu est extrêmement rigide, tout son vécu étant passé au crible de l'intellect. Le résultat est que cette âme est comme « sclérosée », « froide », comme privée de chaleur humaine et de joie de vivre. La vie est mouvement constant, la vie n'est pas quantifiable et ne peut s'appréhender par la seule analyse matérialiste, partielle et limitée de l'intellect !

Avec le Nœud Nord en Poissons, cette âme doit lâcher prise avec sa vision trop discriminatoire, hyper-structurée et trop analytique des choses. Elle doit acquérir une vision beaucoup plus cosmique, en se hissant au niveau des notions plus abstraites, plus universelles et surtout plus spirituelles… Le lâcher-prise de l'intellect doit permettre à cet être de parvenir à une compréhension plus immédiate et instinctive de la vie. C'est l'expérience de la « foi », de la conviction liée à l'intuition, à la vie de l'esprit et non plus dépendante du filtre de la pensée. La vie intérieure doit se développer et s'ouvrir aux mondes invisibles, à ce qui n'est pas perceptible par l'intellect, mais seulement par la vision de l'esprit. La terre dure et sèche de la Vierge doit laisser place à l'eau intemporelle et immatérielle du signe des Poissons.

La maison contenant le Nœud Sud montre le domaine d'expérience où l'intellect encore trop présent, agit de manière trop sclérosée, trop figée, trop structurée. La maison contenant le Nœud Nord indique comment l'âme peut se libérer des entraves liées à son intellect hypertrophié, pour s'ouvrir à une vision plus cosmique, plus éthérée, plus « réelle » de la vie : la réalité de l'esprit dominant la matière, dans laquelle nous sommes incarnés dans cette vie.

La position des Nœuds Lunaires dans les 12 signes donne la trame centrale de la ligne d'évolution de l'esprit humain incarné sur terre, en nous révélant les tendances liées au passé ainsi que le chemin à parcourir pour accomplir sa destinée propre. Par conséquent, je ne parlerai pas dans le détail des positions de l'Axe Nodal dans les 12 maisons.

Il ne s'agit pas de plaquer des interprétations figées et toutes faites sur des situations, mais bien d'apprendre à lire une carte du ciel afin d'en comprendre les mécanismes, les interactions et par conséquent la logique interne.

***

Les Condensateurs du passé
Saturne – Lune – Pluton – Lunes Noires
Planètes Rétrogrades
Interceptions et Duplications

« A trop penser au passé ou au futur,
on en oublie de vivre au présent,
on vit comme si on n'allait jamais mourir et on meurt
sans jamais avoir vécu. La seule façon d'échapper
au sortilège est de vivre l'instant présent. »
Maxime FERMINE (Le Labyrinthe du temps)

Parmi les éléments composant le thème astral de naissance, il existe des « condensateurs » du karma, des leviers agissant en lien direct avec le passé de l'individu. En effet, un thème natal nous parle à la fois du passé, du présent et du futur possible de l'être. Néanmoins, certains facteurs sont directement en lien avec le temps passé, donc avec ce qui fut construit par l'être en pensées, en paroles et en actes dans de précédentes incarnations.

Le NŒUD SUD DE LA LUNE : Nous venons de le voir, l'Axe Nodal et notamment le Nœud Sud Lunaire représentent le fil central. C'est *le fil rouge* qui relie un être à son passé, à ses milliers d'années d'expériences vécues sur terre.

SATURNE : Parmi les facteurs directement liés au karma de l'être, SATURNE incarne un élément déterminant, c'est **LA** planète du karma, la planète de *la responsabilité.* Car si Saturne impose ses fardeaux à l'être humain, pour qu'il comprenne l'importance de ce dont il a vraiment besoin pour vivre sur terre, c'est pour qu'il se libère, dans le temps qui lui est imparti, de ce qui l'empêche de mûrir et de se rendre spirituellement libre. L'on considère en effet trop souvent que la planète Saturne n'est que restrictions, contraintes, alors qu'elle représente l'énergie qui permet de se rendre libre.

Nous pouvons voir, à travers la position de cet astre, *comment un individu s'est structuré intellectuellement, culturellement et spirituellement,* et cela non pas à travers une seule incarnation, mais à travers plusieurs incarnations au sein d'une période particulière de l'histoire, au sein d'un même type de civilisation.

LA LUNE : Liée à Saturne, car formant un couple planétaire inséparable, la LUNE symbolise, toujours en rapport avec le passé de l'individu, son mode de réaction émotionnelle et d'auto-défense devenu automatique, parce qu'étant ancré dans son psychisme, étant cristallisé dans l'eau de son âme.

PLUTON : Nous l'avons vu dans le chapitre traitant des 10 planètes, Pluton est lié aux pulsions instinctives non encore sublimées se rattachant aux premières incarnations sur terre. En effet, les premières expériences d'incarnations avaient quelque chose de brut, d'instinctif, de primitif et de très grossier. Nous avons vécu ces moments-là à des niveaux très instinctifs, très énergétiques, parce que la conscience personnelle de soi n'était pas encore développée. C'est l'énergie sexuelle *(la Kundalini)* [1] qui a permis l'incarnation sexuée. Là se situe le lien entre nos premières incarnations et Pluton. Nous avons alors commencé à spiritualiser la partie animale en nous. D'où le symbole de Pluton : le cercle symbolisant l'esprit qui, à travers l'âme (croissant lunaire tourné vers le haut), s'est élevé au-dessus de la matière (la croix +) ♇

On comprend à travers cette explication *pourquoi Pluton possède la maîtrise du signe du Scorpion.* En tant que planète la plus « concentrée » de notre système solaire, Pluton représente le condensateur du Passé le plus puissant, le plus incontournable, car le plus ancien. Pluton est à la fois exceptionnellement fort et en même temps extrêmement subtil, car profondément enfoui dans la psyché humaine. Pour saisir ce que symbolise Pluton dans un thème astral, il faut au préalable avoir bien étudié l'axe nodal et tout ce qui s'y rattache, ainsi que la position de Saturne, tous deux révélateurs essentiels du passé de chaque individu. Il existe

---

(1) Kundalini est un terme hindou qui signifie Serpent – Dragon. Il s'agit en fait de l'énergie sexuelle, de la force sexuelle. Énergie concentrée (comme l'est la planète Pluton), dans une toute petite sphère cachée dans la dernière vertèbre coccygienne de notre colonne vertébrale. Le coccyx est donc un endroit de notre corps extrêmement déterminant pour notre évolution sur terre.

par conséquent un lien très étroit entre PLUTON et le NŒUD SUD LUNAIRE en tant qu'éléments viscéralement passéistes. Toute transformation profonde et durable ne peut s'opérer que grâce à l'énergie plutonienne ! D'où l'importance de l'analyse de la position de Pluton en signe et maison dans le thème de naissance.

La Rétrogradation de certaines planètes ainsi que **l'Interception** de certains axes du Zodiaque et des planètes s'y trouvant, de même que les facteurs appelés Lunes Noires sont également reliés au passé de chaque individu.

Voici les notions qu'il nous faut retenir pour l'instant sur ces particularités. _NB : nous les détaillerons davantage dans un prochain ouvrage._

Les PLANÈTES RÉTROGRADES : Il s'agit ici de la conséquence d'une utilisation excessive, déséquilibrée de l'énergie planétaire concernée, se manifestant sous la forme de traits de caractères négatifs, déformés et entravants. Cependant, il faut bien avoir à la conscience que 92% de la population dans le monde possède au moins une planète rétrograde dans son thème de naissance. Le fait d'avoir une ou plusieurs planètes rétrogrades dans son thème natal n'est donc pas une tare, mais le plus souvent une aide, voire une force permettant de pouvoir résoudre une problématique récurrente.

Dans tous les cas, une planète rétrograde induit une difficulté à vivre le présent de manière « normale » et *positive !* En fonction de la planète concernée et du signe dans laquelle se situe cette planète en rétrogradation, l'être se trouve, soit ramené dans le passé, soit projeté dans le futur, soit le présent est vécu de manière plus ou moins décalée, comme si l'expérience avait déjà été vécue.

La rétrogradation est un processus complexe que nous analyserons plus tard, de manière très approfondie, ce qui nous amènera à appréhender de manière beaucoup plus incisive comment se manifeste le karma et ainsi comment agissent sur l'individu les lois dans l'univers, en particulier la loi de réciprocité des effets.

Les INTERCEPTIONS et les DUPLICATIONS :

1) Les Signes Interceptés sont des signes dépourvus de cuspides de maisons. Cela signifie que ces signes « interceptés » n'ont pas de portes, de leviers permettant de vivre l'expérience du signe en question. Ceux-ci nous indiquent quelles énergies ont été le plus souvent, antérieurement, mal utilisées, négligées ou détournées de leur finalité originelle. De plus, à l'intérieur de ces signes dépourvus de cuspides, les signes dits interceptés, peuvent se trouver des planètes, qui elles aussi, n'ont pas le moyen de s'exprimer normalement, à travers l'expérience d'une maison. Nous voyons ici, également, lorsqu'une ou plusieurs planètes sont « interceptées » dans un ou

plusieurs signes zodiacaux, quelles énergies ont été mal utilisées ou détournées de leur fonction initiale.

2) Les Signes Dupliqués sont la conséquence sine-qua-non des interceptions. Ceux-ci indiquent de quelle manière doivent être compensées, rattrapées les carences liées aux interceptions.

Les interceptions et les duplications sont aussi déterminantes que les planètes rétrogrades, en ce qui concerne l'analyse d'un thème astral. Nous voyons clairement à travers ces particularités quelles énergies, quelles fonctions l'être a négligé, refusé, repoussé, ou au contraire, amplifié, abusé, exagéré, et donc dans tous les cas, déformé !

Les LUNES NOIRES : Il existe 2 lunes noires qui ont chacune une fonction que nous pouvons assimiler à des penchants spécifiques (abus, excès, refus), développés dans les vies antérieures.

La première Lune Noire, la plus connue des astrologues, correspond au second foyer de l'orbite lunaire autour de la terre. Cette Lune Noire est appelée traditionnellement « Lilith ».

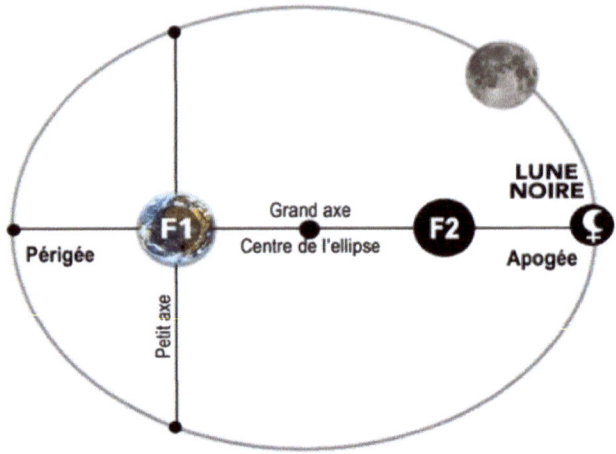

Selon la légende juive, *Lilith*, première femme d'Adam, était une « Ève » pervertie, l'image de la femme-monstre, déformation de la féminité. Plusieurs millénaires avant la venue du Christ, Lilith était déjà présente dans la démonologie du peuple akkadien. Plus tard, c'est « *Lilitu* » qui apparaît comme la prostituée, celle qui séduit (détourne) les hommes de leur chemin, dans les liturgies sumériennes … avant de devenir *Ishtar,* chez les Babyloniens.

L'orbite de la Lune n'est pas circulaire, mais elliptique. Une ellipse, à la différence d'un cercle, possède deux **foyers** : F1 et F2 se situant à égale distance de part et d'autre du **centre de l'ellipse**. Dans sa course autour de la Terre, la Lune passe par deux points extrêmes de son orbite : **au périgée,** la Lune est alors au plus proche de la Terre et à **l'apogée,** la Lune est alors au plus loin de la Terre. Le premier foyer F1 se trouve au centre de la Terre, alors que le second foyer F2 est à l'extérieur de la masse terrestre. C'est le **second foyer** (F2) de l'orbite lunaire que l'on appelle **Lune Noire**. On peut projeter ce point astronomique « virtuel » sur le plan de l'écliptique (cercle zodiacal) ; on obtient ainsi les positions zodiacales de **l'apogée lunaire** qui détermine le Signe de la Tête de la Lune Noire, et du **périgée lunaire**, qui détermine le Signe de la Queue de la Lune noire.

Le symbole de Lilith représente la déformation de la féminité, et cela chez la femme bien sûr, mais aussi chez l'homme, dans ce qui représente son *« anima »* (C.-G. Jung), sa part féminine.

La Lune Noire correspondant au second foyer de l'orbite lunaire autour de la terre est symbolisée ainsi : le croissant lunaire (symbole de l'âme) surmonte la croix de la matière.

☽

La seconde Lune Noire, très peu connue (particulièrement en Europe), est un astéroïde très proche de la Terre, mais très difficile à repérer, dont les éphémérides ont été publiés par l'astrologue américaine Delphine Jay (et programmés par Michaël Guttman) il y a quelques années. Plusieurs scientifiques ont contribué à la recherche et à la découverte de ce petit astre, aux influences cependant très marquées ... Entre autres, le Dr Waltemath, de Hambourg, en 1898 ; l'astrologue Sépharial, en 1918, qui construisit une éphéméride de « Lilith » basée sur plusieurs observations annoncées par Waltemath... En 1956, Kordylewsky, de l'observatoire de Krakow, la repérait à nouveau. Puis en 1990, l'astronome polonais Winiarsky photographiait ce petit « astre » si proche de notre terre !

Les investigations à propos de cette Lune Noire satellite continuent jusqu'à ce jour, notamment grâce à *Delphine Jay* [1], qui a publié les éphémérides de Lilith Satellite de 1900 à 2000 et de 2000 à 2050.

Mais c'est avant tout ma propre expérience, en incluant cette Lune Noire dans tous les thèmes de naissance que j'ai étudiés, qui m'a apporté le bien-fondé de l'action significative de ce facteur astronomique trop méconnu, mais oh combien puissant !

Le symbole de cette Lune Noire représente un cercle barré = Ø

(1) Delphine Jay, éminente astrologue américaine, a édité plusieurs ouvrages sur Lilith. Son premier livre, les éphémérides de 1900 à 2000 a été édité par l'AFA (American Federation of Astrologers) en 1984, et le second, de 2000 à 2050, en 2011. Elle a également écrit en 2010 « Interpreting Lilith », non traduit en français à ce jour.

CHAPITRE IV
LA PART DE FORTUNE
ou POINT D'ÉPANOUISSEMENT

Symbolique et calcul

La Part dite de « *Fortune* » (PF) symbolise en réalité le Point d'épanouissement de la personnalité. Il existe un très grand nombre de parts, les parts arabes [1], mais la Part de Fortune est particulièrement déterminante, puisqu'elle met en relation 3 facteurs essentiels du thème natal : le Soleil, la Lune et l'Ascendant. Cette « part » se calcule ainsi :

Il faut calculer la distance séparant la Lune du Soleil et l'ajouter à l'Ascendant.

Donnons pour cela deux exemples, correspondant aux deux cas de figures existants :

Exemple n° 1 : L'Ascendant se situe à 0° du Sagittaire ; le Soleil, quant à lui, est à 10° du signe des Poissons et la Lune à 10° du signe du Cancer. Il y a entre les 2 luminaires

---

[1] Ce sont les astrologues arabes, qui ont autrefois beaucoup perfectionné certaines techniques d'interprétation en Astrologie, dont l'utilisation des Parts, consistant à faire des rapports angulaires entre différents éléments astronomiques de la carte du ciel. Les Parts Arabes sont des points fictifs, calculés d'après les longitudes de trois planètes, angles ou points zodiacaux. En son temps, Ptolémée utilisa cette technique des Parts.

120 degrés d'écart. La Lune ici se situe devant le Soleil, donc en phase croissante, c'est-à-dire avant le moment de la Pleine Lune. Dans ce premier cas, il faudra ajouter à la Longitude de l'Ascendant (0° du Sagittaire) cette distance, équivalente à 120 degrés. Le Degré 0 du signe du Sagittaire correspondant à 240° sur le cercle zodiacal (partant bien sûr de 0° du Bélier), cela nous donne ce calcul : 240° + 120° = 360° (0°). Le 360ème degré ou 0° du Zodiaque équivaut au degré zéro du signe du Bélier. Le Point d'épanouissement se situera dans ce premier cas à 0 degré du signe du Bélier.

Exemple n° 2 : L'Ascendant de l'individu se situe toujours à 0° du Sagittaire, mais cette fois-ci, le Soleil est placé à 10° du Bélier et la Lune à 20° du signe du Scorpion. Il y a entre les 2 luminaires 140 degrés d'écart. La Lune ici se situe derrière le Soleil, donc en phase décroissante, c'est-à-dire après le moment de la Pleine Lune. Dans ce deuxième cas, il faudra retrancher à la Longitude de l'Ascendant (le 240ème degré du cercle zodiacal) cette distance équivalente à 140°. Donc : 240° – 140° = 100°. Le 100ème degré du Zodiaque correspond au 10ème degré du signe du Cancer, position de notre Part de fortune. *(voir schéma p.142)*

Le symbole de cette Part de Fortune est le suivant : $\oplus$

Cette part est un facteur extrêmement important, car il représente pour chaque individu la *« récompense »* qui lui est *offerte s'il en fait l'effort.* C'est un symbole de liberté, d'accomplissement également. La Part de Fortune est le résultat d'un processus ternaire : *le Soleil* en tant que centre de l'être, principe spirituel ! Le Soleil est le feu de l'être, sa volonté, sa véritable individualité, qui doit extérioriser ses potentialités, ses acquis, ses dons. *La Lune :* c'est à travers l'âme, à travers le psychisme de l'être, par le biais de sa vie émotionnelle que l'être peut vivre les expériences sur terre. *L'Ascendant :* les énergies planétaires ne peuvent s'extérioriser qu'à travers une personnalité terrestre (la maison I, homologie du signe du Bélier). L'Ascendant représente la « protection », le socle qui permet à l'esprit, à l'âme, de vivre pleinement les expériences dans la matière.

C'est pourquoi la Part de Fortune peut être considérée comme le point d'équilibre de l'être. Mais celui-ci doit utiliser cette énergie, ce potentiel pour se réaliser, pour s'épanouir pleinement, pour s'accomplir dans cette incarnation.

Précisons encore que si la Part de Fortune se situe dans l'hémisphère Sud du thème natal (*au-dessus de l'horizon*), l'épanouissement de l'individu sera lié au DON ! Les plus grandes joies viennent alors lorsque l'on donne aux autres. Tandis que lorsqu'elle se situe dans l'hémisphère Nord du thème astral (*au-dessous de l'horizon*), l'épanouissement de l'être sera davantage lié à CE QU'IL REÇOIT DES AUTRES, et cela à quelque niveau que ce soit !

Nous obtenons par conséquent, grâce à la position de cette Part de Fortune, suivant qu'elle se situe dans l'hémisphère

Nord ou dans l'hémisphère Sud, une indication précieuse concernant le karma de l'individu.

1) le Karma de *Semeur* (PF dans l'hémisphère inférieur).

2) le Karma de *Moissonneur* (PF dans l'hémisphère supérieur).

N'oublions cependant jamais que l'aspect positif de ce point d'accomplissement, de cette part de « fortune », ne peut opérer que dans la mesure où l'individu utilise correctement, donc de manière positive, les énergies solaire, lunaire ainsi que l'Ascendant. Car dans le cas contraire, la Part de Fortune se transforme en part d'infortune ! Tout dépend toujours de la capacité à l'être à surmonter, à « consumer » son karma négatif et entravant, et à avancer par là-même sur le chemin de son accomplissement, vers le but qui lui est personnellement indiqué par la loi qui l'entoure.

Sur le degré opposé à celui de la Part de Fortune se situe la Part de Conscience Impersonnelle, que nous nommerons IC. Si la Part de Fortune est un facteur extrêmement personnel et intime, la Part de Conscience Impersonnelle en est le contrepoids. A travers cette Part, l'individu peut voir et comprendre ce qu'il y a de non personnel en lui, renvoyant l'être à un niveau supérieur de conscience. Il y a en quelque sorte le moi personnel qui trouve son bonheur à travers la Part de Fortune et il y a le moi « impersonnel » qui trouve son épanouissement dans la compréhension de tout ce qui est extérieur à lui-même, de tout ce qui est universel et cosmique. La Part de Fortune, avec le Soleil et le Nœud Nord lunaire, forment les principaux condensateurs du Présent et du Futur à venir.

Vous trouverez page suivante un schéma permettant de comprendre comment trouver facilement la position de la Part de Fortune autour du Zodiaque ...

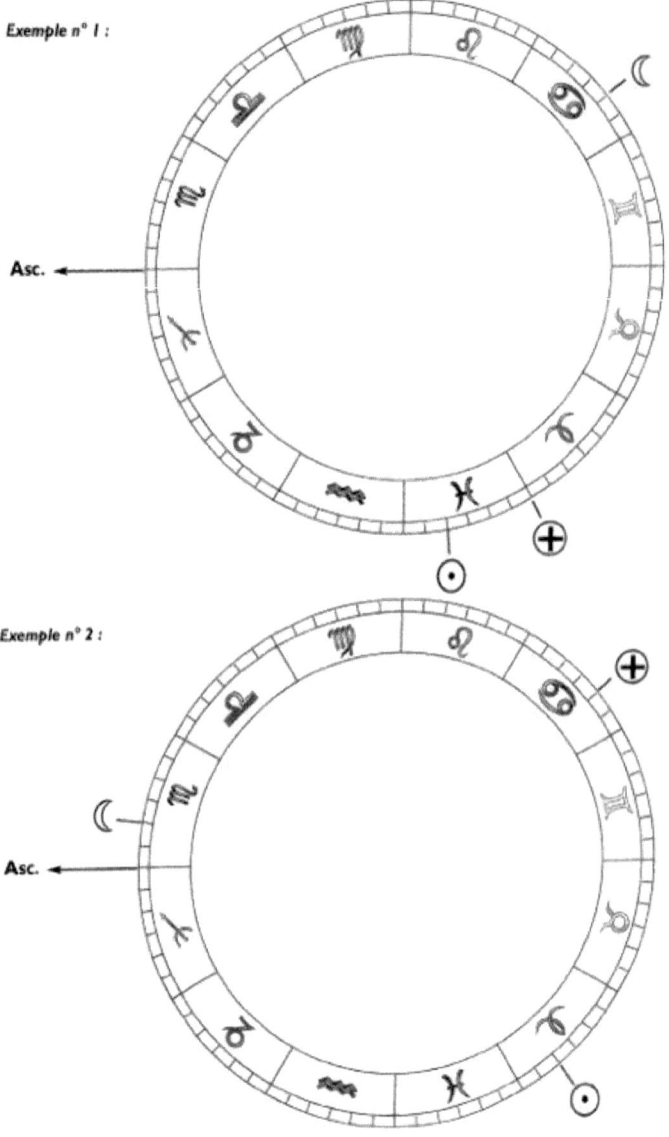

Exemple n° 1 :

Asc.

Exemple n° 2 :

Asc.

144

CHAPITRE V
LOIS FONDAMENTALES D'INTERPRÉTATION

Il est temps de récapituler ce que nous avons étudié jusqu'à présent et de poser les premières règles d'interprétation. Nous allons tout d'abord reprendre les notions que nous avons développées précédemment et les intégrer dans l'interprétation du thème de naissance. En effet, pour comprendre ce que l'être sera amené à vivre en tant qu'expériences particulières, propres à son cheminement et à ses besoins évolutifs, il importe de définir 6 règles de base :

1) L'occupation des 2 Hémisphères :

La première chose que l'on observe est l'occupation des hémisphères nord et sud du thème de naissance. Ces deux hémisphères sont-ils occupés de manière égale ou y a-t-il déséquilibre entre les deux parties de la carte du ciel ? Rappelons les deux principes qui délimitent la première tendance psychologique de tout individu :

L'Hémisphère Nord est lié au jour, au conscient, à l'extraversion : polarité positive et solaire.

L'Hémisphère Sud est lié à la nuit, à l'inconscient, à l'introversion : polarité négative et lunaire.

2) Les 4 Éléments :

Y a-t-il équilibre ou bien déséquilibre dans la répartition des facteurs astronomiques dans les 4 Éléments ?

3) Les 3 Croix (la Qualité) :

Y a-t-il une ou deux Croix qui dominent par leur occupation planétaire ? Quel principe va prédominer dans l'accomplissement du destin de l'individu ?

Mentionnons ici les tendances psychologiques liées à la prédominance de l'une des 3 Croix :

Prédominance de la Croix Cardinale : Affirmation et réalisation de l'individu dans la vie extérieure, qui peut devenir le but du sujet. L'être agit alors pour agir.

Prédominance de la Croix Fixe : Enracinement, stabilité de l'individu, parfois jusqu'à l'immobilisme.

Prédominance de la Croix Mutable : Adaptation, mutation de l'individu qui peut parfois devenir dispersion, superficialité et mimétisme.

4) L'analyse psychologique basée sur la position des planètes en signes et maisons :

Nous commencerons par l'analyse des 2 luminaires et des 3 planètes « intérieures » (Soleil, Lune, Mercure, Vénus et Mars) qui concernent l'intimité de l'être : Le Soleil = la volonté, le but spirituel / La Lune = l'âme, la sensibilité de l'individu / Mercure = l'intelligence, le mode de pensée, la faculté de communication / Vénus = la capacité d'amour, d'intégration, d'union, l'affectivité / Mars = la puissance d'action, la combativité et la nature des désirs de l'individu … ainsi que Jupiter et Saturne.

5) Les cuspides de maisons sur les 12 signes zodiacaux :

Et cela en commençant par la maison I, l'Ascendant.

Exemple : Un Ascendant Vierge montrera une personnalité de nature mercurienne, c'est-à-dire qui mentalise, intellectualise tout ce qui vient à elle, qui est donc soucieuse d'analyser, de comprendre, de perfectionner, de discriminer, et aussi de servir en tous domaines que ce soient. Ce qui précisera et particularisera ce trait de caractère sera la position en signe et maison de Mercure, maître de l'Ascendant Vierge ; ainsi que le rapport entre Mercure et Jupiter, qui forment un couple planétaire … Nous y reviendrons ensuite.

Chaque Ascendant placé sur chacun des 12 signes s'analysera de la même manière. De même en ce qui concerne les 11 autres maisons. Cependant la maison IV (le fond du ciel), la maison VII (le descendant) et la maison X (milieu du ciel), auront toujours une importance accrue, car constituant avec l'Ascendant, les 4 angles, les 4 points cardinaux du thème astral.

6) <u>Les maîtres des 12 maisons. Où se situent-ils ?</u>

Les planètes sont, nous l'avons vu, les points d'appui, les leviers qui permettent d'expérimenter les énergies des signes du Zodiaque et de vivre les expériences sur terre. Chaque planète possède une ou plusieurs maîtrises (affinités) d'un signe zodiacal.

Donnons pour cela un exemple : avec un Fond du Ciel (maison IV) dans le signe du Capricorne, ce sera Saturne qui en sera le maître. Dans ce cas, soit Saturne se situera dans la maison IV et nous dirons que Saturne est <u>propriétaire</u> de cette maison ; soit Saturne se situera ailleurs que dans le signe du Capricorne, par exemple en maison VI, dans le signe des Poissons, et dans ce cas, Saturne sera <u>locataire</u> de la maison VI.

Dans le premier cas, où Saturne est propriétaire de la maison IV, cela renforcera tout simplement l'importance de l'expérience de la famille, du foyer et du rôle de la mère au foyer.

Dans le deuxième cas, où Saturne se trouve locataire de la maison VI, on pourra dire que l'expérience de la maison IV (cuspide en Capricorne) passera par l'expérience de la maison VI. Le foyer sera par conséquent fondé sur la notion de service ; ou bien le service assurera la base de la vie (*exemple :* une infirmière).

Chaque maître de chacune des 12 maisons devra être analysé en fonction de ce principe immuable. Ce qui nous permettra de voir par quel(s) type(s) d'expérience(s) l'individu sera obligatoirement passé. Au regard de cette loi d'interprétation, il est évident que lorsqu'un amas planétaire important (un Stellium) est constaté dans l'une ou l'autre des 12 maisons, la majorité des expériences devra obligatoirement passer par l'expérience de la maison fortement occupée. Cette sphère d'expérience sera alors prépondérante dans le destin, dans le vécu de cette personne.

Nous avons vu, après avoir posé les notions essentielles liées aux signes, planètes et maisons, l'importance capitale que revêt l'Axe Nodal dans un thème astral, en tant que direction, sens du chemin d'évolution d'un individu. Nous avons également abordé les facteurs directement liés au passé de l'être incarné sur terre : Lune, Saturne, Pluton, Lunes Noires, etc. …

Il nous faut à présent poser les principes fondamentaux qui vont nous permettre de mener à bien l'analyse de n'importe quel thème astral de naissance.

Quatre principes fondamentaux

Premier principe – l'analogie signes/maisons :

Nous avons vu que les 12 maisons correspondaient analogiquement aux 12 signes du Zodiaque Les 12 maisons sont liées aux 12 expériences terrestres permettant d'acquérir les vertus et les qualités renfermées dans les énergies zodiacales. Pour donner un exemple précis, c'est grâce à l'expérience de la IIIème maison que nous pouvons acquérir les capacités de communication, d'adaptabilité, de mobilité ainsi que les qualités intellectuelles liées au signe des Gémeaux.

Ceci est UNE LOI, la loi de réciprocité entre les énergies des 12 signes zodiacaux et les 12 champs d'expérience que représentent les 12 demeures astrologiques.

Ainsi, tout ce que nous expérimentons (positivement comme négativement) à travers une maison, se répercute obligatoirement sur le signe archétypique correspondant (maison I pour le Bélier, maison II pour le Taureau, etc. …) De même, tout ce que nous utilisons d'une énergie renfermée dans un signe zodiacal se répercute automatiquement sur la maison analogique. *Exemple :* si nous utilisons l'énergie du Bélier pour affirmer notre personnalité, en faisant fi de l'adversité et des opinions d'autrui, nous renforçons obligatoirement la maison I, l'Ascendant.

Deuxième principe – le Quaternaire (les 4 Éléments) :

Les 4 Éléments sont liés, nous l'avons vu, à la notion de Triplicité, chaque élément se manifestant à travers 3 signes distants de 120 degrés (aspect de Trigone).

Chaque Élément possède donc 3 facettes ou plus exactement 3 niveaux, 3 fréquences vibratoires différentes. Ainsi, pour l'Élément Eau, le 1er niveau est incarné par le signe du Cancer ; le 2ème niveau par le signe du Scorpion et le dernier niveau par le signe des Poissons. Chaque Élément forme donc un tout indissociable, une Unité « indivisible ».

TOUT SIGNE APPARTENANT À UN ÉLÉMENT AGIT AUTOMATIQUEMENT SUR LES 2 AUTRES SIGNES DE LA MÊME TRIPLICITÉ. IL EN EST DE MÊME POUR LES MAISONS D'EAU, DE TERRE, D'AIR ET DE FEU.

Troisième principe – le Ternaire (la Qualité) :

La Loi Ternaire correspond aux 3 Croix à branches égales, la Croix Cardinale, la Croix Fixe et la Croix Mutable du Zodiaque. Cette manifestation liée au rythme des 4 Saisons fait apparaître entre chaque signe d'une même Qualité un angle de 90 degrés (l'aspect de carré).

Chacune des 3 Qualités correspondant à un niveau particulier de notre personnalité, chaque Croix forme à l'instar des 4 Éléments, un Tout indissociable, indivisible !

AINSI, TOUT SIGNE D'UNE MÊME CROIX (CARDINALE, FIXE, MUTABLE), SE RÉPERCUTE OBLIGATOIREMENT SUR LES 2 AUTRES SIGNES DE MÊME QUALITÉ, DE LA MÊME CROIX.

Quatrième principe – la Dérivation :

Le Zodiaque est une loi, une construction, une spirale qui se subdivise en 12 lois. Tout s'enclenche cependant à partir du premier signe du Zodiaque : le Bélier. A l'intérieur de cette construction, tous les rapports numériques partent toujours du signe du Bélier. Ainsi, le 6ème signe, celui de la Vierge, est celui du perfectionnement, du service et de la purification. Grâce à la Vierge, c'est l'ego, la personnalité (le Bélier) qui doit se perfectionner, apprendre à servir et à se purifier. De même, le 8ème signe du Zodiaque (partant du Bélier) est lié à la notion de transformation et de renaissance.

La dérivation est une technique qui part de ces rapports numériques dont nous venons de parler, non plus partant du Bélier, mais partant de n'importe quel signe zodiacal.

Prenons un exemple : le Scorpion est le 8ème signe à partir du Bélier. Mais c'est le Capricorne qui est le 8ème signe dérivé si nous partons du signe des Gémeaux. De même, si la Vierge est le 6ème signe dérivé du signe du Bélier, c'est le signe du Verseau qui devient le 6ème signe dérivé si nous partons du signe de la Vierge. Ces rapports dérivés sont importants à analyser dans l'interprétation d'un thème astral, et plus particulièrement la sixième dérivée (notion de perfectionnement et de purification) et la huitième dérivée (notion de transformation, de renaissance).

Prenons l'exemple concret d'un homme qui possède un Nœud Sud dans le signe de la Balance. C'est grâce au 6ème signe dérivé de la Balance que cet individu pourra purifier ce qui le retient par son Nœud Sud. Ce 6ème signe dérivé sera le signe des Poissons. De même c'est grâce au 8ème signe dérivé du signe de la Balance qu'il pourra transformer les traits de caractère négatifs liés à ce qui est contenu dans son Nœud Sud. Ce 8ème signe dérivé sera pour cet homme le signe du Taureau.

Cette technique doit également s'appliquer de la même manière aux 12 maisons du thème de naissance, le point de référence étant non plus le Bélier, mais l'Ascendant, la maison I.

Le signe solaire étant crucial quant au but de l'incarnation sur terre, il convient d'énoncer ce quatrième principe :

LE SIGNE SOLAIRE EST LE 8ème DÉRIVÉ D'UN AUTRE SIGNE : CE SIGNE SERA UN ÉLÉMENT MAJEUR DU PASSÉ DEVANT ÊTRE TRANSFORMÉ.

Exemple : un Soleil en Verseau sera le 8ème signe dérivé du Cancer. Tout ce qui concerne le signe du Cancer devra donc être transformé (passéisme, attachement à la famille, à la tradition, émotivité excessive …)

***

CHAPITRE VI
LES 8 PHASES
DU CYCLE SOLI/LUNAIRE
ET LES 8 TYPES DE PERSONNALITÉ

Ce n'est pas pour rien que le Soleil et la Lune sont appelés **les 2 Luminaires.** Ceux-ci symbolisent véritablement le cœur de la personnalité de l'homme incarné sur terre. Le Soleil et la Lune représentent les fonctions fondamentales de tout individu. Le Soleil et la Lune : le Feu et l'Eau, le principe spirituel et le principe animique. Le noyau et son enveloppe, la vie et ce qui permet la vie. C'est ainsi qu'il faut appréhender ces notions en astrologie spirituelle.

Les 2 polarités représentées par le Soleil et la Lune symbolisent le Soi et le Moi chez l'homme. C'est la rencontre du principe spirituel et de l'entité animique en l'homme, le rapport entre le Soi et son Ego !

Ainsi, si le Soleil reste le centre du système solaire et par là-même symbolise le cœur, le noyau de nature spirituelle de chaque esprit humain, celui-ci a besoin d'une enveloppe, d'un « filtre » ; il s'agit de la fonction lunaire. En effet, c'est la Lune qui donne l'énergie solaire nécessaire à chacun en fonction de ce que la personnalité, c'est-à-dire la structure saturnienne, est capable de contenir et donc d'utiliser. C'est ainsi qu'il peut être dit que la Lune est la source de l'énergie psychique et non l'origine, l'origine étant de nature solaire !

Il faut toujours avoir à l'esprit que tout transite par la Lune, par la sphère sublunaire, avant de pénétrer la terre et ses habitants, par l'intermédiaire du corps astral. La Lune est le symbole de la Mère par qui tout transite afin que la vie puisse faire son apparition. Si le Soleil, sa lumière, son pouvoir propulsif, nous poussent à agir et à exprimer la vie qui bat en nous, c'est toujours la Lune qui nous donne toutes les capacités d'adaptation face à la vie qui nous entoure.

Le rapport entre le Soleil et la Lune dans un thème natal est donc, au vu de ces explications, de première importance et c'est pourquoi il convient d'analyser les différents rapports existants, les différentes phases tout au long du cycle de lunaison. La phase soli/lunaire met en lumière la construction psychique que l'être a acquis lors de ses précédentes incarnations.

Le cycle de lunaison

La lunaison correspond à un cycle de transformation rythmé par différentes phases. Le cycle de la Nouvelle Lune à la Nouvelle Lune suivante possède une durée moyenne de 29 jours, 12 heures et 44 minutes. Cet intervalle se nomme également *la révolution synodique.*

La Lune, dans son cycle, reflète, dans ses changements de formes, différents états de son rapport au Soleil, considérant, bien entendu, qu'un troisième facteur est toujours au centre de ce cycle : la Terre, qui, avec ses habitants, reste toujours au cœur de ce processus.

Le point de départ de toute lunaison est le moment de la conjonction entre le Soleil et la Lune : la Nouvelle Lune (NL). Le point d'opposition (de la plus grande distance) entre le Soleil et la Lune est la Pleine Lune (PL).

Deux hémicycles se partagent ainsi chaque lunaison :

1) **Hémicycle croissant**   = **conjonction à opposition.**
2) **Hémicycle décroissant** = **opposition à conjonction.**

Deux principes fondamentaux découlent de ce premier découpage en 2 hémicycles :

- L'hémicycle croissant, correspondant à une action spontanée et instinctuelle, de nature subjective.
- L'hémicycle décroissant, correspondant à une action consciente et réfléchie, de nature objective.

A partir de là, nous pouvons comprendre qu'un aspect Soleil/Lune, un carré par exemple, n'aura certainement pas la même signification, que celui-ci soit en phase croissante ou en phase décroissante. L'aspect statique des aspects et de leur interprétation pris dans l'espace, isolément, sans tenir compte de la dynamique du cycle, est de ce point de vue, obsolète. Il y manque une vision réellement vivante, permettant de comprendre les véritables enjeux inclus à l'intérieur d'un thème astral.

Hormis les 2 phases les plus marquantes de la lunaison, ce sont le Premier Quartier (PQ) et le Dernier Quartier (DQ) qui marquent les 2 autres temps forts du cycle. Ceux-ci représentent en effet les deux aspects de carrés (croissant et décroissant) existants entre les 2 Luminaires.

Le Premier Quartier (phase croissante) représente un moment de crise, mais une crise au niveau actionnel, au niveau des décisions ! En effet, le Premier Quartier se situant dans l'Hémicycle croissant, est par conséquent lié à la notion d'action !

Le Dernier Quartier (phase décroissante) est également un moment de crise, mais au niveau de la conscience, l'hémicycle décroissant étant toujours lié à cette notion. Le Premier Quartier comme le Dernier Quartier sont des phases de tension, donc de crise, car elles correspondent à un angle de 90° (carré) par rapport au début du cycle : la Nouvelle Lune.

LE PREMIER QUARTIER s'inscrit comme un moment d'insatisfaction, car il faut lutter pour se dégager du passé (la Nouvelle Lune), de ce qui est issu de l'inconscient, et construire de nouvelles structures, afin de parvenir à l'accomplissement, à la révélation de ce qui aura grandi, mûri dans l'être tout au long de son action, au départ instinctif.

LA PLEINE LUNE est le moment où l'être solaire doit pouvoir objectiver et incarner pleinement les capacités qui se seront développées au cours de l'hémicycle croissant.

LE DERNIER QUARTIER quant à lui, symbolise une crise, mais dans l'expression et le partage des valeurs précédemment acquises. Que cette crise soit vécue de manière déstructurante dépend en réalité de la nature, positive ou négative, des expériences vécues entre la NL et la PL.

Après avoir sommairement défini les notions correspondant aux 4 phases principales du cycle de lunaison, il nous faut aller plus loin, car il existe en réalité 8 phases lunaires qui correspondent à 8 types de personnalité bien distincts. Si le chiffre 8 est au centre de ce processus du cycle soli/lunaire, c'est parce que *l'esprit vibre dans le chiffre 8.* Le 8 *(également symbole de l'infini)* symbolise ici le mouvement de l'esprit qui doit suivre le mouvement des lois qui l'enserrent tout au long de ses incarnations.

Il y a donc bien 8 phases lunaires et non pas 4 : 8 phases, soit 8 étapes pour amener l'individu, l'esprit incarné dans un corps physique, à boucler la boucle, c'est-à-dire à accomplir le but pour lequel il était destiné.

Nous venons tous au monde à un moment donné du cycle de lunaison. Tel individu sera né au moment de la Nouvelle Lune, un autre au moment du Dernier Quartier, etc. C'est toujours ce moment particulier de la lunaison qui marquera l'individu et signera un type particulier de personnalité. Un Soleil en Scorpion par exemple symbolisera toujours le programme précis à accomplir, le but spirituel que l'individu devra poursuivre tout au long de son incarnation. Ce sera sa « quête » ! Mais sans la Lune, les moyens pour accomplir ce but feraient défaut. C'est pourquoi la phase du cycle Soleil/Lune (le rapport dynamique entre le Soleil et la Lune) nous montre précisément de quelle façon l'individu pourra réaliser concrètement le but archétypique révélé par la position du Soleil natal.

Voici les 8 types de personnalité :

1 –	NL	= Nouvelle Lune	- de 0° à 45°
2 –	CR	= Croissant	- de 45° à 90°
3 –	PQ	= Premier Quartier	- de 90° à 135°

4 –	GI	= Gibbeuse	- de 135° à 180°
5 –	PL	= Pleine Lune	- de 180° à 225°
6 –	DI	= Disséminant (Diffuseur)	- de 225° à 270°
7 –	DQ	= Dernier Quartier	- de 270° à 315°
8 –	BA	= Balsamique	- de 315° à 360°

Les 4 premières phases sont donc en phase Croissante tandis que les 4 dernières phases se situent dans la phase Décroissante du cycle.

Pour plus de clarté, vous trouverez à la page suivante le schéma représentant le cycle soli-lunaire avec ses 8 phases.

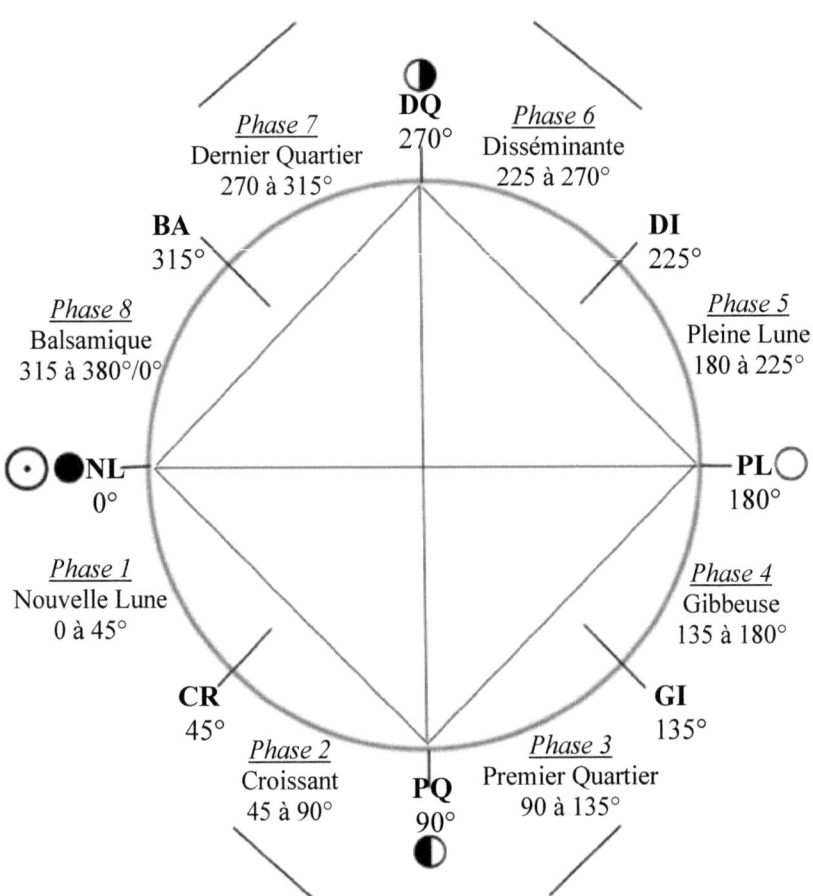

HEMISPHÈRE DÉCROISSANT
DOMAINE OBJECTIF

DQ
270°

Phase 7
Dernier Quartier
270 à 315°

Phase 6
Disséminante
225 à 270°

BA
315°

DI
225°

Phase 8
Balsamique
315 à 380°/0°

Phase 5
Pleine Lune
180 à 225°

NL
0°

PL
180°

Phase 1
Nouvelle Lune
0 à 45°

Phase 4
Gibbeuse
135 à 180°

CR
45°

GI
135°

Phase 2
Croissant
45 à 90°

PQ
90°

Phase 3
Premier Quartier
90 à 135°

HÉMISPHÈRE CROISSANT
DOMAINE SUBJECTIF

162

Signification des 8 types de personnalité

Venons-en à présent à la signification psychologique *et* spirituelle des 8 phases lunaires, signant 8 types de personnalité bien distincts. La phase de lunaison dans laquelle est né l'individu est un élément déterminant dans l'analyse de son comportement et du but poursuivi.

Le type de personnalité particularise ce qui est inscrit en puissance dans le signe solaire de naissance. Celui-ci nous révèlera comment l'être essayera de concrétiser le but archétypique révélé par le degré zodiacal du Soleil natal [1].

PHASE 1 : NOUVELLE LUNE (0-45°) :

Ici, l'individu agit et réagit de manière instinctive, subjective. L'émotion est vive, ce qui plonge souvent l'être dans une certaine confusion intérieure, l'amenant fréquemment à se projeter sur les autres, sur le monde environnant, qui deviennent des images réelles sur lesquelles il projette son ombre.

(1) Nous aborderons dans le prochain ouvrage le sujet passionnant des Degrés Symboliques appelés également, grâce au travail remarquable de Dane Rudhyar sur les 360 degrés monomères mis au point en 1925 par l'astrologue américain Marc Edmund Jones, avec l'aide d'une voyante qui visualisa chacun des 360 degrés zodiacaux en images symboliques.

L'aspect particulièrement subjectif de cette phase provoque une incapacité à voir les choses et les êtres tels qu'ils sont véritablement. Ceux-ci deviennent à ses yeux des symboles représentant une image, une notion, un idéal, etc.

L'esprit est ici lancé dans une nouvelle série d'incarnations. Il doit se projeter dans ce nouveau cycle et trouver le but spirituel qui lui est dévolu du fait de la loi qui l'enserre.

Les personnes du type NL sont nées au moment exact de la Nouvelle Lune et pendant les 3 jours ½ qui suivent.

Cette phase est en affinité avec le signe du BÉLIER.

PHASE 2 : CROISSANT (45-90°) :

Ce type de personnes est en lutte avec le passé. Cette lutte, plus ou moins intense, dépendra bien entendu de ce qui retient encore l'être en arrière, des fils non dénoués avec certaines expériences des vies antérieures. L'être a cependant foi en ses possibilités et cherche à s'affirmer, souvent de façon impatiente. En effet, l'impulsion est forte de vaincre les obstacles qui l'empêchent de poursuivre son chemin, ce qu'il pressent souvent fortement.

Beaucoup d'individus vivent pourtant avec des impressions très fortes venant du passé, des fantômes qui l'empêchent d'avancer librement. L'être doit malgré tout rompre avec le passé qui l'entrave encore sur le chemin qu'il doit suivre. Son mode de réaction doit changer et les vieux schémas entravants doivent maintenant disparaître.

Les personnes du type CR sont nées entre 3 jours ½ et 7 jours après la Nouvelle Lune.

Cette phase est en affinité avec le signe du CANCER.

PHASE 3 : PREMIER QUARTIER (90-135°) :

Le type Premier Quartier vit une profonde crise sur le plan actionnel. Il doit lutter pour construire (principe du carré – voir chapitre suivant sur les Aspects Astrologiques), une structure qui devra lui permettre de s'insérer socialement. Son action devra laisser une trace profonde dans la société.

Attention toutefois à ce que la volonté de cet individu ne soit pas trop égocentrique, afin de construire dans la loi et non détruire ce qui ne doit pas l'être. La phase PQ correspond finalement à une lutte entre ce qui existe déjà dans la société et ce que l'être veut y amener par son action. C'est là un problème d'insertion. Mais s'insérer signifie trouver sa place, et cela dans l'équilibre et l'harmonie.

Les personnes du type PQ sont nées entre 7 jours et 10 jours ½ après la Nouvelle Lune.

Cette phase est en affinité avec le signe du LION.

PHASE 4 : GIBBEUSE (135/180°) :

Le type « Gibbeuse » est lié au Perfectionnement. La personne est donc avant tout axée sur le développement de ses capacités et à son évolution.

L'être né en phase GI est un chercheur qui n'aura de cesse d'acquérir des réponses à ses questions. Ici, l'intelligence est vive, de nature très analytique, la conscience s'éclaire constamment de nouveaux concepts, de nouvelles idées, qu'il n'aura de cesse de communiquer autour de lui. Il est très exigeant avec lui-même comme il peut l'être avec autrui. Cet individu devra développer un sens de profondeur et de responsabilité toujours plus grand.

Les personnes du type GI sont née entre 10 jours et 14 jours ½ après la Nouvelle Lune.

Cette phase est en affinité avec les signes de la VIERGE mais aussi du SCORPION.

PHASE 5 : PLEINE LUNE (180/135° en phase décroissante) :

Le mot-clef du type PL est prise de conscience. C'est la phase de la plus grande objectivité. L'impulsion imprimée au moment de la Nouvelle Lune, née dans l'inconscience, devient à présent un concept formé, une image plus ou moins claire.

Ce qui n'était au départ que senti est à présent visualisé. L'être parvenant à cette prise de conscience doit voir clairement, objectivement, le résultat de ses actions passées. Ainsi, l'objectivation de la Pleine Lune sera vécue différemment suivant ce que l'être aura construit précédemment.

C'est dans la phase PL que tout est mis en lumière. Négativement, le type PL peut vivre cette phase comme un divorce, comme une séparation entre le Soi et le Moi, entre l'esprit et l'âme, entre son être profond et son ego, sa personnalité terrestre.

Les personnes du type PL sont nées entre le moment exact de la PL et 3 jours ½ après celle-ci.

Cette phase est en affinité avec le signe de la BALANCE.

PHASE 6 : PHASE DISSÉMINANTE (135/90° en phase décroissante) :

Le type « Disséminante » est poussé à disséminer, à amener plus loin des idées, des concepts, des connaissances.

Après avoir objectivé ses valeurs personnelles, acquises au cours de l'hémicycle soli-lunaire croissant (de la NL à la PL), l'individu veut maintenant démontrer aux autres ce qu'il a vécu et expérimenté, ce qu'il a enraciné en lui-même.

Le type DI agit en cela comme un « Croisé », répandant ses idées et ses convictions avec force. Cependant, au négatif, c'est le fanatisme et l'intolérance qui peuvent se manifester si l'être ne s'est pas suffisamment individualisé au cours des 5 phases précédentes. Ici, la valeur du message apporté aux autres dépend uniquement de la maturité spirituelle acquise par l'être précédemment.

Les personnes du type DI sont nées entre 3 ½ jours et 7 jours après la Pleine Lune.

Cette phase est en affinité avec le signe du SAGITTAIRE.

PHASE 7 : DERNIER QUARTIER (90/45° en phase décroissante) :

Le type DQ vit une crise, comme le Premier Quartier, mais cette fois-ci une crise de conscience.

L'exigence de cette phase est de mener à bien le passage de la conscience égotique à la conscience de soi, à la conscience spirituelle.

La phase DQ représente un passage entre le Passé/Présent et le Futur. Car l'être doit avoir acquis une nouvelle conscience, et celle-ci doit faire *une* avec ses activités, avec les buts qu'il poursuit. Tout dépend ici de ce que l'être a acquis en conscience, car en négatif, l'être pourra être agressif et destructeur face aux systèmes établis, face à la société et à ses structures.

Les personnes du type DQ sont nées entre 7 et 10 jours ½ après la Pleine Lune.

Cette phase est en affinité avec le signe du VERSEAU, mais aussi du CAPRICORNE.

PHASE 8 : BALSAMIQUE (45/0° en phase décroissante) :

La 8ème phase, la phase BA est une phase de Transition, de Repolarisation, de Transformation.

La phase Balsamique précède la prochaine phase de Nouvelle Lune, qui inaugurera un nouveau cycle d'incarnations. La huitième et dernière phase représente avant tout une transition entre 2 cycles d'incarnation. Il s'agit ici de repolariser toutes les énergies psychiques et physiques déviées par tous les désirs égotiques entravants. La phase BA impose à l'être de se tourner vers le futur, vers de nouveaux buts, vers de nouveaux horizons.

Les personnalités les plus évoluées appartenant au type « Balsamique » peuvent être de véritables prophètes, entièrement vouées à une cause spirituelle, dépassant totalement l'aspect égotique de leur destinée. Le danger, pour celui (celle) qui a manqué les étapes du cycle (de la NL à la BA), est de se croire missionné(e) - tel un croisé(e) - et de se placer en martyre face à la société à laquelle il (elle) appartient.

Les personnes de type BA sont nées entre 10 et 14 jours ½ après la Pleine Lune, soit jusqu'au moment de la Nouvelle Lune suivante.

Cette phase est en affinité avec le signe des POISSONS mais aussi du SCORPION.

***

Il ne faut surtout pas restreindre ce qui vient d'être dit concernant les 8 types de personnalité. En effet, chaque individu est obligatoirement né au cours de l'une des 8 phases du cycle soli-lunaire, dont nous venons d'en explorer les particularités. **Cependant, la promesse renfermée dans chacune des 8 phases ne représente qu'une potentialité et non un acquis.**

N'oublions pas que ce que symbolise le Soleil, en tant que principe spirituel fondamental, ne représente jamais un acquis, mais reste un principe à vivre, à incarner, un principe « *futur* » ! Nous sommes des Pèlerins du Cosmos ! Rien n'est jamais acquis, car la Loi du Mouvement pousse sans cesse chacun d'entre nous toujours un pas plus loin, un pas plus haut.

L'Astrologie englobe la compréhension des Lois régissant les univers composant la Post Création. Que chacun apprenne avec humilité et reconnaissance à s'insérer dans le mécanisme grandiose de la Création, où l'Amour et la Justice du Créateur traverse chaque chose et chaque être en tout lieu et à chaque instant.

***

CHAPITRE VII
LES ASPECTS ASTROLOGIQUES

Définition et classification des Aspects

Après avoir abordé les notions premières permettant de réaliser une première analyse du thème de naissance, il est temps d'aborder la géométrie interne du thème astral : les aspects astrologiques. Cette technique est appelée *l'Aspectologie.*

L'Astrologie que je pratique depuis presque un demi-siècle n'est pas ce que l'on pourrait appeler l'astrologie traditionnelle. La Tradition astrologique, dans le domaine des aspects, est restée centrée sur des notions trop empiriques, trop dogmatiques, qui ne correspondent pas à la réalité de ce qui est, déformant ainsi ce que la Vie apporte réellement à chacun, à travers la loi de réciprocité des effets, dans toutes les nuances apportées par le mécanisme astral. En cela, l'homme possède une vision bien trop restreinte pour qu'il puisse se faire une idée un tant soit peu juste de ce qu'est la Justice Divine, celle-ci se manifestant jusque sur terre à travers ses lois, immuables et parfaites, lois empruntant en dernier lieu les canaux des astres, et par conséquent la ceinture zodiacale et les planètes de notre système solaire.

La Tradition astrologique parle essentiellement d'aspects bénéfiques et maléfiques. Il n'en est rien, cette conception manquant totalement de nuances et bien trop empreinte de superstition, de manichéisme [1]. Rien n'est tout blanc ou tout noir, bien ou mal. Il y a des tendances harmonieuses et des tendances dynamiques. En cela les travaux, les conceptions développées par Dane Rudhyar dans ses ouvrages ont ouvert de nouveaux chemins dans la compréhension de ce domaine complexe et subtil que représente l'Aspectologie.

Les planètes, les énergies planétaires sont reliées entre elles par des rapports angulaires, appelés aspects. Ce sont ces aspects ou angles qui génèrent différentes valeurs énergétiques. Ces aspects résultant de la division des 360° du cercle zodiacal.

Les aspects se classent en deux catégories distinctes :

a) **Les aspects dynamiques**
b) **Les aspects harmoniques**

---

(1) *Alexandre Volguine* avait compris qu'il n'existait pas de mauvais aspects. Il dit ceci dans son livre « *Vade-mecum des aspects astrologiques* » :
« … Au point de vue métaphysique, les mauvais aspects ne sont pas plus mauvais que les bons, mais exigent un point de vue plus élevé, un état évolutif supérieur, que ces derniers. Dans le cas d'une opposition, par exemple, on est obligé d'arriver à un point de vue profond et détaché, « au-delà du bien et du mal », où l'opposition se trouve conciliée et résolue, ces deux termes s'équilibrant en quelque sorte l'un par l'autre. »

De plus, tous ces aspects (dynamiques et harmoniques) peuvent être répertoriés eux-mêmes en 2 groupes distincts :

1) **Les aspects majeurs**
2) **Les aspects mineurs**

Voyons tout d'abord quels sont les aspects dits majeurs et ceux dits mineurs :

1) **ASPECTS MAJEURS (classement de Galilée) :**
➢ Multiples de 30° > 60° > 120° > 150° (correspondant respectivement à la division du cercle zodiacal en 1/12, 1/6, 1/3 et 5/12). Ces aspects vibrent dans **le chiffre 3** mais également dans **le chiffre 6.**
➢ Multiples de 45° > 90° > 135° > 180° (correspondant respectivement à la division du cercle zodiacal en 1/8, 1/4, 3/8 et en 1/2). Ces aspects vibrent dans le chiffre 4 mais aussi dans le chiffre 8. Hormis bien entendu l'opposition (180°) qui vibre dans **le chiffre 2 : la dualité !**

2) **ASPECTS MINEURS (classement de Képler) :**
➢ Multiples de 36° > 72° > 108° > 144° (correspondant respectivement à la division du cercle zodiacal en 1/10, 1/5, 3/10 et 2/5). Ces aspects vibrent dans **le chiffre 5.**
➢ Multiples de 51° 3/7 > 103° > 154°17' (correspondant respectivement à la division du

cercle zodiacal en 1/7, 2/7 et en 3/7). Ces aspects vibrent dans **le chiffre 7**.

➢ Multiples de 40° > 80° (correspondant respectivement à la division du cercle zodiacal en 1/9 et en 2/9). Ces aspects vibrent dans **le chiffre 9.**

Nous reviendrons ci-après sur la signification particulière de chacun de ces aspects, majeurs et mineurs. Voyons auparavant ce que signifient les aspects dynamiques dans un thème astral, sachant que ceux-ci sont souvent moins bien compris que les aspects harmoniques.

Un aspect dynamique indique toujours une tension entre deux énergies. Un aspect dit dynamique demande toujours à l'être un effort pour résoudre cette tension, ce conflit plus ou moins fort se manifestant à travers certaines facettes de la personnalité et dans des domaines particuliers (les maisons où se situent les planètes en aspect de carré, de demi-carré, de sesqui-carré ou encore d'opposition).

Un aspect dynamique n'est donc surtout pas un « *mauvais* » aspect, mais un aspect *de « tension »*, demandant, *exigeant* même de l'être concerné un travail sur soi, une lutte, un combat, lui imposant une certaine sublimation, s'il veut pouvoir résoudre ce conflit particulier vécu au plus profond de lui-même.

En ce sens, nous pouvons dire qu'un aspect dynamique est un aspect évolutif, parce qu'il exige de l'être qu'il se mette en mouvement lui-même, et cela afin de ne pas subir indéfiniment cet antagonisme, cette opposition d'énergies, cette « souffrance » parfois vécue en lui-même ! Les aspects dynamiques empêchent le plus souvent l'individu de « s'endormir », car celui-ci est obligé de se mettre en mouvement et de combattre intérieurement contre ce qui le place inévitablement en mauvaise posture avec lui-même, une partie de son « ombre » et donc face aux autres.

En effet, une configuration astrale précise est donnée à chaque être pour qu'il puisse évoluer et non pas pour stagner et perdre son temps dans une vie terne, monotone et inutile, sans mouvement, sans but et sans aspiration. Car sans mouvement, sans action, il n'y a plus de perfectionnement possible, plus d'évolution, plus de vie ! Or, les lois nous contraignent au mouvement. Celles-ci nous poussent toujours à évoluer vers plus de maturité, plus de responsabilité. Là est le but de l'incarnation de l'esprit humain sur terre. Et lorsque le mouvement ne vient pas de l'être, de son propre vouloir, ce sont alors les événements extérieurs qui l'y contraignent.

Nous l'avons vu, l'une des clefs fondamentales pour la compréhension des lois du karma sur terre est **le mouvement !** Cette notion correspond effectivement à une Loi : *la Loi du Mouvement, inscrite en filigrane dans le Zodiaque et le système astral, dans le ciel étoilé qui s'étend et vibre au-dessus de nos têtes.* En réalité, les énergies du

Zodiaque, en étroite interrelation avec celles circulant dans l'être humain, sont toujours en mouvement.

Ce mouvement devient tangible à travers les aspects ou angles formés entre les divers facteurs ou points de concentration du thème astral de naissance. Cependant, ces rapports angulaires ne peuvent être interprétés seuls sans tenir compte de la structure du thème de naissance, c'est-à-dire des Nœuds Lunaires en premier lieu, des planètes rétrogrades, des signes interceptés et de l'ensemble de la géométrie interne … Tout facteur d'une carte du ciel doit toujours pouvoir se confirmer ou s'infirmer, ou encore se moduler, afin que l'astrologue ne se fourvoie pas dans la lecture et l'interprétation.

Le Carré (ou bi-octile = 360° ÷ 8 = 45° x 2 = 90°), est l'aspect dynamique par excellence, qui demande impérativement à stabiliser des énergies antagonistes, des énergies en tension, qui demandent à être réharmonisées, rééquilibrées. Le Carré est le quart (1/4) du cercle (90° x 4 = 360°), et vibre ainsi dans **le chiffre 4**, socle et base de toute construction.

L'Opposition est également difficile à résoudre, car elle est vécue comme une lutte permanente que l'être doit mener et surtout accepter, afin de ne pas en souffrir inutilement. L'Opposition vibre dans **le 2, et le 2 est synonyme de dualité !** Il faut en fait arriver à maîtriser cet antagonisme représente par l'opposition afin de le vivre au mieux au quotidien, avec soi-même et avec les autres.

Le Sesqui-Carré (ou tri-octile) est très proche de ce que représente le Carré. Sa puissance n'est pas à négliger, car le Sesqui-Carré représentant la valeur d'un Carré et d'un demi-Carré (90° + 45° = 135°), vibre dans **le chiffre 8.** Il en est de même pour le Demi-Carré d'une valeur de 45° (1/8 du cercle zodiacal).

Le Chiffre 8 étant lié au signe du Scorpion et à la notion de transformation, ces aspects sont à considérer dans ce sens d'une transformation et d'une renaissance obligées.

Revenons encore à la signification du Carré, archétype de l'aspect dynamique, celui-ci restant toujours d'une grande force et par conséquent d'une grande signification dans l'interprétation d'un thème astral. *Le Carré est la base, nous l'avons vu, de toute construction.* C'est pourquoi celui ou celle qui possède dans son thème radical une figure en Carré complet inscrite entre 4 facteurs déterminants de son thème, possède par là-même une grande force de construction ou encore de reconstruction. C'est la possibilité - mais la possibilité seulement - d'utiliser les énergies des planètes en Carré, pour construire, dans le sens premier d'une construction intérieure, personnelle, qui permettra à l'être d'évoluer, et donc de liquider une partie de son karma passé, de ce qui l'entrave depuis plus ou moins longtemps. En fait, tout aspect de Carré est là parce que l'être n'a pas utilisé correctement, (c'est-à-dire dans le sens des lois), ces énergies, la force dont il a disposé antérieurement – pour construire, dans un domaine ou un autre, dans l'élévation, construction qui devait amener nécessairement à l'être une grande stabilité, une autre maturité et donc une autre conscience.

Malheureusement, la grande majorité des hommes n'utilisent pas leurs aspects dynamiques dans le but de construire – souvent à cause de leur paresse et de leur indolence. C'est ainsi que les énergies antagonistes deviennent destructrices, car non utilisées, non mises en mouvement, afin d'asseoir une construction sur un terrain stable (le 4). C'est pourquoi aussi l'astrologie traditionnelle voit toujours à travers ces aspects « dynamiques » de « mauvais » aspects, des aspects qualifiés de « maléfiques ».

Avant de traduire la signification de chacun des aspects dont nous avons parlé plus haut, voici *page suivante* un tableau récapitulatif de tous les aspects, dynamiques et harmoniques, avec leurs symboles correspondants.

En couleur **rouge** figurent les aspects « dynamiques ». En couleur **bleue** figurent les aspects « harmoniques ». En couleur **verte** figure l'aspect de Quinconce, aspect particulier dont nous reparlerons ci-après. En couleur **violette** figurent les aspects liés à la division du Zodiaque en 7.

Nous développerons également ensuite les particularités de ces aspects.

NOMS DES ASPECTS	ANGLE	ORBE	FRACTION	SYMBOLE
CONJONCTION	0°	0/5°	/	☌
DEMI-SEXTILE	30°	2/3°	1/12	⊻
SEMI-QUINTILE (Décile)	36°	2°	1/10	
NOVILE	40°	2°	1/9	
DEMI-CARRÉ (Octile)	45°	2°	1/8	∠
SEPTILE	51°25	1°	1/7	
SEXTILE	60°	4°	1/6	✳
QUINTILE	72°	2°	1/5	
BI-NOVILE	80°	2°	2/9	
CARRÉ (bi-Octile)	90°	5/6°	1/4	□
BI-SEPTILE	102°51	1°	2/7	
SESQUI-QUINTILE (tri-Décile)	108°	1°	3/10	
TRIGONE	120°	7/8°	1/3	△
SESQUI-CARRÉ (tri-Octile)	135°	4°	3/8	⯒
BI-QUINTILE	144°	2°	2/5	
QUINCONCE	150°	3/4°	5/12	⊼
TRI-SEPTILE	154°17	1°	3/7	
OPPOSITION	180°	8/10°	1/2	☍

Les Aspects et le processus cyclique

Si les aspects sont à considérer en tant que rapports angulaires liés à des notions bien définies, il nous faut à présent parler du processus cyclique intimement lié aux aspects astrologiques. Tout processus cyclique en astrologie étant toujours ramené au cycle soli-lunaire, principe fondamental du mouvement et du rythme façonnant l'esprit humain incarné sur terre, c'est lui qui nous donnera la base – étant le prototype de tout cycle de relation – de l'interprétation de ces aspects astrologiques.

En effet, un aspect formé entre deux planètes (Saturne/Lune par exemple) n'est autre qu'un moment particulier du cycle de relation entre ces deux astres. Un carré entre Saturne et la Lune pourra par conséquent être un carré croissant ou un carré décroissant, suivant que la planète la plus rapide se situera dans son cycle entre le moment de la conjonction et celui de la pleine lune ou entre le moment de la pleine lune et celui de la conjonction. Les aspects croissants sont également appelés séparatifs. Les aspects décroissants sont nommés appliquants.

Comme nous l'avons abordé dans le chapitre VI, le cycle Soleil/Lune se décompose en deux phases majeures : 1) de la nouvelle lune à la pleine lune et 2) de la pleine lune à la nouvelle lune. Ces 2 hémicycles du processus cyclique soli-lunaire se scindent ainsi :

a) **Hémicycle involutif** = NL > PL
b) **Hémicycle évolutif** = PL > NL

La Nouvelle Lune est le commencement du cycle total, tandis que la Pleine Lune est le commencement de sa fin.

L'hémicycle involutif contient 6 phases. Les voici ainsi que les mots-clefs correspondants :

- **Phase 1 Existence subjective** (0 à 30°)
- **Phase 2 Focalisation** (30 à 60°)
- **Phase 3 Organisation** (60 à 90°)
- **Phase 4 Décision** (90 à 120°)
- **Phase 5 Expression** (120 à 150°)
- **Phase 6 Perfectionnement** (150 à 180°)

Ces 6 phases correspondent à un processus de croissance dans une activité spontanée. C'est une phase de développement instinctuel, subjectif : subjectivité et inconscience ! Ici, rien n'est encore mis en lumière, car la lumière ne vient qu'au moment de la pleine lune.

Viennent ensuite les 6 phases du processus évolutif ainsi que les mots-clefs correspondants :

- **Phase 7 Réalisation** (180 à 210°)
- **Phase 8 Partage** (210 à 240°)
- **Phase 9 Compréhension** (240 à 270°)
- **Phase 10 Réévaluation** (270 à 300°)

- **Phase 11   Réorganisation**   **(300 à 330°)**
- **Phase 12   Libération**   **(330 à 359°59')**

Ces 6 phases correspondent à un processus de libération dans une activité consciente, mentale, axée sur la participation. *La conscience et l'objectivité s'opposent ici à l'inconscience et à la subjectivité des 6 phases du processus involutif.*

Interprétation des aspects astrologiques

Voici à présent un condensé du sens profond de chaque aspect dont nous venons de parler, en sachant que chacun de ces aspects peut être croissant ou décroissant, ce qui module considérablement l'interprétation : les aspects croissants (de la conjonction à l'opposition) sont toujours liés à un processus plus instinctif et subjectif par rapport aux aspects décroissants (après l'opposition), qui eux sont liés à un processus conscient, de nature objective.

Opposition (1/2 – 180°) : Nous avons développé précédemment la notion d'opposition. Précisons cependant que c'est un aspect de *crise* où les contradictions inhérentes à cette dualité seront appelées à se résoudre par la loi des cycles en une complémentarité enrichissante, lorsqu'elle est acceptée ! L'être devra vivre tantôt l'un, tantôt l'autre de ces antagonismes dont l'intensité se révèlera tour à tour. Dans l'opposition, la planète mineure obéit toujours à la planète majeure, et cela non sans se rebeller.

Quinconce (150°) : C'est là un aspect de *service,* l'archétype du Quinconce étant représenté par le rapport Bélier/Vierge (6ème signe du Zodiaque). L'énergie martienne du Bélier doit mettre son dynamisme au service du Mercure de la Vierge afin de lui permettre l'achèvement de la formation de l'individu qui devient alors apte, par son

intelligence, à être un serviteur de l'humanité (Verseau, 150°
de la Vierge) mais aussi et surtout … de Dieu ! Le Quinconce
demande cependant une adaptation constante, ou plus
exactement une réadaptation ; sinon, le risque est d'aboutir à
une régression qui conduira l'être vers la désillusion, la
frustration et finalement l'inadaptation (l'inversion du
symbolisme lié à la Vierge).

Trigone (1/3 – 120°) : C'est un aspect harmonieux
facilitant le transport du courant vital entre deux énergies,
entre deux forces qui s'apportent ici un support mutuel
inaltérable et dépourvu d'effort. Ce tandem d'énergies relie
des croix différentes et accentue le rapport entre les mêmes
éléments. Exemple : Mars à 10° du Bélier en Trigone à
Jupiter à 10° du Lion (lien entre 2 signes de Feu). Le Trigone
symbolise la meilleure faculté de vision et de compréhension
de l'individu. Mais cet aspect « facile » peut devenir un
danger, dans la mesure où il est nécessaire de surmonter une
certaine « inertie », la vision devant toujours devenir action.
Les énergies en lien de Trigone doivent se mettre en
mouvement afin de fonctionner véritablement.

Carré (1/4 – 90°) : Nous avons déjà développé les notions
liées à cet aspect auparavant. Rappelons que cet angle droit
oblige l'être à monter une marche, à conquérir un nouvel état
d'être par un effort, ce qui doit ramener à la conscience ce qui
jusqu'alors demeurait enfoui dans l'inconscient.

Il existe 2 sortes de Carrés : 1) les carrés décroissants (dits senestres) et 2) les carrés croissants (dits dextres). Dans le cas d'un carré senestre, la planète majeure (Saturne par exemple) se trouve placée <u>devant</u> la planète mineure (Mercure par exemple) et l'entraînera dans son sillage, lui imposant une nouvelle exigence, non sans renoncement et sans souffrance, mais positif en définitive ! Dans le cas d'un carré dextre, la planète majeure se trouve <u>derrière</u> la planète mineure. Mercure dans notre exemple sera alors influencée, maintenue par la force saturnienne qui freinera, conditionnera sa puissance de communication et l'envol de son intelligence et de son imagination.

Quintile (1/5 – 72°) : Il s'agit là d'un aspect *d'efficience spirituelle* particulièrement positive. Cet aspect peut conduire à une activité vraiment créatrice, pas seulement productive, mais *créatrice*, dans le sens spirituel du terme. C'est l'esprit qui doit être « *à l'œuvre* » ! Le Quintile peut opérer cependant dans deux directions opposées : soit en fonction des désirs purement matériels, intellectuels ou égoïstes (sens régressif), soit en exprimant son propre génie créateur (sens évolutif).

Sextile (1/6 – 60°) : L'angle formé entre deux planètes en aspect de Sextile relie deux signes de polarité différente, l'un masculin, l'autre féminin. L'efficience des deux énergies ainsi engagées est très positive et entraîne une grande mobilité. Ce sont les deux roues accordées d'un char, fonctionnant sans cesse efficacement, sans effort … Attention donc, car avec une certaine paresse et un égocentrisme fatal, l'individu risque de chercher la ligne de moindre résistance et ainsi échouer dans l'intégration du pouvoir créateur aux besoins matériels. Des aspects « faciles » tels le Sextile et le Trigone peuvent toujours devenir un piège pour un individu spirituellement paresseux, car il restera alors sur place et n'utilisera pas ses capacités pour construire et se construire. C'est la chute qui l'attend alors ! Car la loi du mouvement agit auto-activement sur l'être humain. Celui qui n'avance pas recule, qu'il le veuille ou non. Il s'agit là bien sûr d'un processus *spirituel,* car la notion de mouvement n'a rien à voir avec l'agitation de l'individu moderne qui n'a en réalité bien souvent, malgré les apparences, aucun mouvement intérieur réel !

Septile (1/7 – 51°42) : Valeur « irrationnelle », valeur des plus « occultes », le Septile génère un « reste ». En effet, converti en décimales, les 1/7èmes du cercle donnent 51,4285714285714… Le 7 nous enseigne qu'aucun compte ne peut jamais être clos : il y a des restes, des scories ... Le mot-clé lié au Septile est « *fatalité* ». A travers le Septile, on trouve une porte potentielle vers l'immortalité, mais seulement une potentialité ! Car au négatif, le Septile peut se rapporter au processus de désintégration inévitable à la clôture de tout cycle. En réalité, cette fatalité dont parlait le grand astrologue *Marc Edmund Jones* a lieu lorsque l'être, refusant d'avancer dans le mouvement de la loi qui l'enserre, ne décompose pas les scories, les « restes » liés aux expériences passées. Le processus de transformation (le 8) est intimement lié au processus de décomposition (le 7), en ce sens qu'on ne peut se transformer et renaître à une autre vie si l'on garde en soi des scories qui doivent être « brûlées », l'âme devant se dépouiller de tout ce qui l'entrave. *Le 7 est le chiffre de la Volonté, mais de la Volonté Divine, non humaine !* Le Septile, ainsi que le Bi-Septile et le Tri-Septile, sont liés à cette Volonté d'en Haut. Autrement dit, celui qui ne va pas dans le sens de la Volonté Divine, de Ses Lois, vivra des expériences fatales, en ce sens qu'elles seront la conséquence inévitable d'une opposition entre la volonté de l'individu et la Volonté d'en Haut, se manifestant à travers Ses Lois, et donc à travers le Zodiaque et le système astral.

Octile {demi-carré} (1/8 – 45°) : Ces aspects, représentant la moitié du Carré du cercle, symbolisent *des points de blocage énergétique* qui créent le plus souvent des handicaps de la décision et de l'action s'ils sont projetés sur le monde environnant. Le danger pour l'individu possédant ce type d'aspect est d'attendre des autres la solution à ses blocages, à ses inhibitions. *Étant lié au chiffre 8* (1/8), l'aspect d'Octile est très lié au **Scorpion** et donc à la notion de transformation. Mais c'est l'être qui doit transformer lui-même son handicap afin de devenir plus libre, et cela en acceptant le changement qui s'impose à lui !

Novile (1/9 – 40°) : Cet aspect doit amener l'individu à *une renaissance personnelle ou une « initiation »*. (Le 9 est le nombre d'une période de gestation accomplie, suivie de la naissance). La présence de noviles dans un thème astral (si ceux-ci sont suffisamment significatifs), montre que l'individu peut arriver à réaliser ou essaiera de réaliser que la personnalité est une matrice d'où devrait émerger un être supérieur, un Moi spirituellement conscient. En d'autres termes, deux planètes en aspect de novile établissent le champ matriciel à partir duquel peut se produire l'acte de libération spirituelle ou de renaissance. Il convient bien entendu de traduire ce processus en fonction des planètes impliquées et de ce qu'elles représentent psychologiquement et surtout spirituellement pour l'individu.

Décile (1/10 – 36°) ou Demi-Quintile : Relation entre une nouvelle impulsion créatrice et d'anciennes techniques. Cette relation est incluse dans le mot « *talent* » dans son sens le plus profond. Avoir du talent, c'est être capable d'incorporer une impulsion créatrice dans une technique acquise. Tout le problème ici est de trouver l'équilibre entre la créativité et la technique, entre la véritable inspiration et l'aspect intellectuel, figé et sans vie d'une technique.

Demi-Sextile (1/12 – 30°) : Cet aspect possède un fondement triple : vision et sens (trigone), structure concrète (carré) et activité d'organisation (sextile) = Étoile à 12 branches = entrelacement de deux hexagones, de trois carrés ou de quatre triangles. *Le demi-sextile se rapporte à l'activité fonctionnelle réelle* et à l'expérience quotidienne de la personne qui doit prouver, par des résultats pratiques, tout ce qu'elle a visualisé, connu, construit et organisé.

La Conjonction (entre 0° et 7/8° d'orbe suivant les planètes concernées) : Les conjonctions ne sont pas à proprement parler à considérer comme des aspects tels que les carrés, trigones, sextiles et autres. Les conjonctions représentent un phénomène très particulier qui demande un grand discernement et une grande finesse d'interprétation. Ici, il n'y a pas d'angle géométrique, mais *superposition, mélange, fusion de deux énergies* ou plus dans le cas de conjonctions de plusieurs planètes, voire de « *Stelliums* ». Ce mélange d'énergies le plus souvent antagonistes, doit davantage être considéré comme affaiblissant, entravant, car amenant une confusion entre deux ou plusieurs principes bien distincts.

Dans la création, il n'y a pas de mélange ! Tout est strictement délimité pour que rien ne perde son intégrité, sa pureté, sa force et son action originels.

Prenons l'exemple d'une conjonction Lune/Mercure. Ici, l'individu communiquera de manière émotionnelle avec les autres. La Lune affectera la manière dont il communiquera avec autrui. La personne sera souvent sujette aux dépressions nerveuses, la nervosité perturbant sans cesse le monde émotionnel. Finalement, l'aspect émotionnel (la Lune) se heurtera sans cesse à l'aspect pratique, logique et rationnel de son intellect (Mercure). L'individu vivra en lui-même une dualité d'ordre masculin/féminin (Mercure/Lune).

Pour ne pas se fourvoyer dans l'interprétation d'une conjonction, il faut en premier lieu analyser les éléments liés aux planètes conjointes. Par exemple, une conjonction Lune/Mars confrontera l'élément Feu (Bélier) à l'élément Eau (Cancer). Si cette conjonction a lieu en Sagittaire, l'élément Feu sera prédominant, s'opposant d'autant plus fortement à l'Eau de la Lune. Cela est la première chose à considérer lors de l'étude d'une conjonction. La même analyse sera faite pour l'élément de la maison contenant la conjonction en question. De plus, il convient de voir le rapport entre la conjonction et l'Axe Nodal de la carte du ciel, sachant que l'Axe Nodal en constitue la colonne vertébrale. La conjonction sera d'autant plus facile à interpréter lorsque l'une ou l'autre ou les 2 planètes qui fusionnent seront des régents karmiques, c'est-à-dire maîtres du signe contenant le Nœud Sud ou encore le signe contenant le Nœud Nord.

Si par exemple, pour notre conjonction Lune/Mars, l'individu possède un Nœud Sud lunaire en Bélier, Mars sera le Régent karmique du passé de cette personne. Si en plus de cela, le Nœud Sud se trouve en maison IV, nous aurons l'explication de cette conjonction, qui sera une conséquence directe du passé de l'individu. Bien sûr, les choses sont rarement toujours aussi simples. Cela n'empêche pas, en analysant chaque thème de naissance de manière rigoureuse et avec logique, de pouvoir appréhender en profondeur les causes inhérentes à chaque problématique, à chaque vécu.

Ce premier livre « *L'Astrologie, Art Royal, fondements et principes spirituels* » étant posé, chaque lectrice et lecteur aura pu acquérir une vision d'ensemble, je l'espère claire, large et détaillée, indispensable pour aller plus loin dans la compréhension et la maîtrise de cet Art éminent mais difficile d'accès qui, j'en suis sûr, retrouvera toute sa place lorsque le temps sera venu.

Le deuxième ouvrage qui suivra nous emmènera plus loin encore dans la compréhension du mécanisme des lois qui nous gouvernent, redonnant par là-même ses lettres de noblesse à l'Astrologie !

En guise de conclusion
A propos de l'Ère du Verseau

Depuis de nombreuses années, les astrologues parlent et dissertent beaucoup à propos de l'Ère du Verseau et de son avènement, alors qu'en réalité, ce qu'elle représente, ce qu'elle implique, n'est pas perçu dans toute son ampleur, toute sa gravité et encore moins dans toute sa dimension cosmique et universelle. L'Ère du Verseau est en lien direct avec l'avènement du Saint Esprit, qui correspond à la fermeture du cycle d'évolution de la terre et de ses habitants. L'époque du Verseau, dont le champ de force commence déjà à agir depuis des décennies, correspond au grand tournant cosmique, au Jugement Dernier !

Le Fils de Dieu ! Le Fils de l'Homme ! Il persiste encore très souvent une confusion concernant la distinction entre le Fils de Dieu et le Fils de l'Homme, qui représentent bien deux entités distinctes. Jésus parlait pourtant bien d'un autre envoyé qui viendrait après Lui, s'agissant de l'Esprit de Vérité.

Dieu le Père, Jésus le Fils (l'Amour) et Imanuel le Saint Esprit (la Justice) forment la Trinité Divine. Cela est explicitement formulé dans plusieurs passages de la Bible, notamment dans l'Évangile selon Saint Jean, dont voici quelques extraits :

« 14 :15/16/17 : Si vous m'aimez, gardez mes commandements. 14-16 : Et moi, je prierai le Père, et il vous donnera un autre consolateur, afin qu'il demeure éternellement avec vous, l'Esprit de Vérité, que le monde ne peut recevoir, parce qu'il ne le voit point et ne le connaît point ; mais vous, vous le connaissez, car il demeure avec vous, et il sera en vous ...14 :26 : Mais le consolateur, l'Esprit-Saint, que le Père enverra en mon nom, vous enseignera toutes choses, et vous rappellera tout ce que je vous ai dit ... 16 :13/14 : Mais quand celui-ci viendra, lui, le souffle de vérité, il vous fera cheminer dans la vérité tout entière. Il ne parlera pas de lui-même ; mais tout ce qu'il aura entendu, il le dira ; et ce qui vient, il vous l'annoncera. Celui-là me glorifiera. Ce qui est à moi, il le recevra et vous l'annoncera... »

Le Verseur d'Eau, nous l'avons vu dans le *chapitre « Notions spirituelles des 12 signes zodiacaux »,* est lié au Bélier, l'un des 4 Animaux Initiés entourant le Trône de Dieu. Or, le signe du Verseau représente, au niveau du déroulement des cycles cosmiques, l'énergie en lien avec le Spirituel (le Bélier), lui-même relié au Fils de l'Homme, à l'Esprit Saint, Celui qui fait *le pont entre la Sphère Divine et le genre spirituel.* Du fait de la précession des équinoxes, nous entrons (allons entrer) dans l'ère du Verseau. Cette Ère se trouve effectivement en phase avec la clôture du grand cycle cosmique de la Terre et plus largement de la Partie Cosmique dans laquelle évoluent notre planète, notre galaxie et toutes les galaxies composant ce monde gigantesque et cependant « fini » que représente *Éphesus* ! [1]

Les astrologues se leurrent lorsqu'ils oublient d'où nous venons et pourquoi, dans quel but primordial nous sommes incarnés sur terre ! Mais surtout beaucoup n'ont pas reconnu la Volonté Divine agissant à travers la voûte étoilée et le mécanisme astral ! Face à notre déchéance, nous autres, habitants de la terre, ne pourrions JAMAIS remonter la pente seuls, sans l'intervention d'en Haut ! La terre, notre terre … a chuté bien trop bas, si bas dans les ténèbres qu'elle se trouve à l'heure actuelle considérablement éloignée de la Lumière et de la Vie, de la Source de Vie.

---

(1) Ephésus fait partie des 7 Parties Cosmiques décrites par Jean dans l'Apocalypse, nommées symboliquement « *les 7 Églises d'Asie* ».

... Moi Jean, votre frère et votre compagnon dans l'épreuve, la royauté et la constance, en Jésus. Je me trouvais dans l'île de Patmos, à cause de la Parole de Dieu et du témoignage de Jésus. Je tombai en extase, le jour du Seigneur, et j'entendis derrière une voix clamer, comme une trompette : « Ce que tu vois, écris-le dans un livre pour l'envoyer aux sept Églises : à Éphèse, Smyrne, Pergame, Thyatire, Sardes, Philadelphie et Laodicée ». Je me retournai pour regarder la voix qui me parlait ; et m'étant retourné, je vis sept candélabres d'or, et, au milieu des candélabres, comme un Fils de l'Homme revêtu d'une longue robe serrée à la taille par une ceinture en or. Sa tête, avec ses cheveux blancs, est comme une laine blanche, comme de la neige, ses yeux comme une flamme ardente, ses pieds pareils à de l'airain précieux que l'on aurait purifié au creuset, sa voix comme la voix des grandes eaux. Dans sa main droite, il y a sept étoiles, et de sa bouche sort une épée acérée, à double tranchant ; et son visage, c'est comme le soleil qui brille dans tout son éclat - Apocalypse 1(9-16). ...

Ce langage imagé décrit le Verseur d'Eau, le Fils de l'Homme, l'Esprit de Vérité, le porteur de l'Épée : Imanuel. Il est Celui qui apporte le Jugement, s'apprêtant à annoncer la Parole de Dieu aux 7 Parties Cosmiques faisant partie de la Post-Création : Ephésus, Smyrne, Pergame, Thyatire, Sardes, Philadelphie et Laodicée.

Derrière les conceptions astrologiques dites « humanistes » qui prétendent que l'Ère du Verseau va s'instaurer, par exemple, grâce à l'incarnation d'enfants « indigos », enfants soi-disant surdoués et capables comme par miracle de hisser l'humanité hors de la confusion et du chaos, se cachent un orgueil démesuré et un refus de reconnaître la Volonté Divine. L'Ère du Verseau correspond à l'avènement du Règne de Dieu sur terre, qui sera d'une exigence et d'une sévérité telles qu'il nous est difficile d'imaginer ce que sera ce temps de rattrapage, où nous serons contraints de vivre à chaque instant en conformité avec les lois divines. Ce sera un temps où notre libre-arbitre lui-même nous sera retiré, afin que nous puissions enfin vivre, vibrer et agir intégralement *dans* la Volonté Divine et non plus d'après *notre* propre volonté.

Ce que nous vivons aujourd'hui ne sont que les prémices de cette Ère du Verseau tant attendue, notamment par beaucoup d'astrologues. Bien loin des théories utopiques et trop « humanisées » de ces « *idéalistes idéalisants* », lorsque la Force-Lumière réinvestira pleinement notre terre ainsi que toute la galaxie et au-delà toute notre partie cosmique, chacun sera obligé de reconnaître, en toute conscience, suivant *ce qu'il est* au fond de son esprit - avec joie et humilité ou bien avec effroi et terreur - la Toute Puissance de l'Amour Divin mais aussi l'Incorruptibilité de la Justice Divine, qui sont inséparables.

Croire au rattrapage de la chute de l'humanité sans reconnaître l'Amour et la Volonté du Créateur est une aberration, qui révèle encore une fois à quel point l'homme est superficiel et arrogant, mais surtout imbu de lui-même face aux lois d'airain qui nous gouvernent.

L'Astrologie elle-même est tombée bien bas en se coupant de la Source, dans la non-reconnaissance de l'Amour et de la Volonté Divine et des Lois qui régissent les Univers.

Heureusement, lorsque le temps sera venu, et justement lorsque nous serons effectivement entrés dans l'Ère du Verseau, sous le rayonnement de l'Esprit Saint, l'Esprit de Vérité, l'Art Royal pourra enfin retrouver toute sa place, son rang royal, grâce au pont qui nous reliera de nouveau avec les plus Hautes Sphères de Lumière. L'Astrologie sera alors débarrassée de cette chape opaque et étouffante qui l'enferme depuis trop longtemps.

Illustration Catherine Guillemette

199

Bibliographie sélective

ABD-RU-SHIN — *Dans la Lumière de la Vérité*
(Stiftung Gralsbotschaft — Fondation du Message du Graal)

LA BIBLE DE JÉRUSALEM (Éditions du Cerf)

JACQUELINE KELEN — *L'Éternel Masculin*
(Éditions Robert Laffont)

DANE RUDHYAR — *Le Cycle de lunaison* (Éd. du Rocher)

DANE RUDHYAR — *Les Aspects astrologiques* (Éd. du Rocher)

CARL GUSTAV JUNG — *Types psychologiques*
(Librairie de l'Université - Genève)

JEFFREY WOLF GREEN — *Pluton, les Métamorphoses nécessaires* (Éditions de Janus)

JEFFREY WOLF GREEN — *La Structure de l'âme*
(Éditions Amazon – Traduit par Jean-Marie Avril)

MARTIN SCHULMAN — *Nœuds de la Lune et réincarnation*
(Éditions D3)

MARTIN SCHULMAN — *Planètes Rétrogrades et réincarnation* (Éditions D3)

MARTIN SCHULMAN — *Joie de vivre – Part de fortune –*
(Éditions D3)

DONALD H. YOTT — *Les Signes interceptés*
(Éditions l'Âge du Verseau)

IRÈNE ANDRIEU — *Psychologie des interceptions*
(Auréas Éditions)

ALEXANDRE VOLGUINE — *Le Symbolisme de l'Aigle*
(Cahiers Astrologiques)

ALEXANDRE VOLGUINE — *Vade-mecum des aspects astrologiques* (Cahiers Astrologiques)

LAURENCE LARZUL — *Comprendre la Lune Noire* (Éditions de Vecchi)

DELPHINE JAY — *The Lilith Ephemeris 1900-2000 AD + 2000-2050 AD* (AFA)

DONALD H. YOTT — *Travaux de recherches sur les conjonctions* (non traduit en français)

ALEXANDER RUPERTI — *Les Cycles du devenir* (Éditions du Rocher)

STEPHEN ARROYO — *Astrologie, karma et transformation* (Éditions du Rocher)

IRÈNE ANDRIEU — *Astrologie, clef des vies antérieures* (Éditions Dangles)

ROBERT-JACQUES THIBAUD — *Pluton, itinéraire de la vie éternelle* (Dervy)

Et bien d'autres références et inspirations... comme Victor Hugo, Dante Alighieri, Hermann Hesse, Dr Jean Gautier, Günter Schwab, Jean Choisel ...
mais aussi Jean-Sébastien Bach, Georg Friedrich Haendel, Igor Stravinsky, Claude Debussy, Gustav Holst ...
et tant d'autres ...

Dépôt légal : Avril 2025